医者も親も気づかない

女子の発達障害

家庭・職場でどう対応すればいいか

岩波　明

青春新書
INTELLIGENCE

はじめに

「新型コロナ」は、私が専門としている発達障害の患者にも大きく影響しています。

学校が休校となり、子どもたちは自宅学習を余儀なくされましたが、「集中力が続かない」など、発達障害の特性に合わせた指導が十分に望めない状態では、学習はおぼつかないでしょう。

在宅勤務もハードルが高いはずです。「忘れっぽい」、「段取りが立てられない」といった特性をひとりでケアできるかどうか。また「相手の気持ちを読み取る」ことが苦手な発達障害の人が、電話やメールだけのやりとりで意思疎通できるものでしょうか。多くの課題が浮き彫りになりました。

近年、発達障害という病名は一躍スターダムにのし上がりました。

しかし誤解も数多くあります。例えば、

「発達障害＝天才」は間違いです。

「発達障害は治る」も間違いです。

くわしくは、１章以降をお読みいただきたいと思います。


そして、私がいま非常に重要と考えているのは、「女子の発達障害」についてです。

まだまだ広く知られてはいませんが、男子に比べると女子の発達障害は、本人も周囲も気づきにくいのが特徴です。そのため対応が後手に回りやすく、大人になってから生きづらさが増していきます。

また、家事ができない、細かい気配りができないといった発達障害の特性は、今も日本社会で好まれる「やまとなでしこ」、「自分が自分がと前に出ず、控えめ」、「我を通さない」といった女性像と対照的です。そのせいで発達障害の女性は、発達障害の男性に比べて「責められやすい」のです。


一方、うまく環境に適応している発達障害の女性もいます。本書では３人の女性と対談させていただきました。

おひとり目の沖田《おきた》×華《ばっか》さんは、漫画家として大活躍中です。発達障害を題材とした作品もベストセラーになっていますが、もちろん適応するまでの道のりは平坦ではありませんでした。そのあたりのことについて、存分に語っていただきました。

ふたり目の鈴木綾香さんは、「どこに行っても変人扱いされた」と過去を振り返ります。3人目の坂上淳子さんは仕事のミスが続いて気が休まらず、息子さんに「命削って仕事してるよ」と心配されるほどでした。

鈴木さんと坂上さんは、私の病院にやってくるまでに複数のクリニックで誤診の憂き目に遭っています。そこには「専門医でも誤診する」という発達障害の問題がひそんでいます。

それでも、発達障害には「光」の部分があります。

発達障害の特性を生かして、よりよい社会を作る。そんな事例が知られるようになりました。

コロナ騒動下では、台湾のIT担当大臣オードリー・タン氏が脚光を浴びています。

オードリー氏は男性として生まれ、20代で性転換を受けて女性となりました。学校にもなじめませんでしたが、10代で起業するなど早くから高い能力を発揮し、35歳のとき史上最年少で入閣しています。

コロナ騒動下では「マスク配布システム」などＩＴを活用したコロナ対策を打ち出していますが、タン氏には発達障害のプラスの特性が明確に見られています（くわしくは「おわりに」で触れます）。

「コロナ」が収束した後は、社会の多様性が、さらに問われるようになることでしょう。そのときのためにも、周囲にいる発達障害の女子・女性を正しく理解していただきたい。

本書がその一助になれば幸いです。

岩波　明

目次

2章 《対談②》

医者も家族もわかってくれず……女子のADHDはこんなに大変

3章 ADHDとASD……女子はなぜ見逃されやすいのか？

4章 家庭・職場での「やってはいけない」と対応のポイント

カバー（オビ）、本文トビラ漫画　沖田×華

1 章

《対談①》

「なんで普通にできないの？」は“発達女子”には暴力です！

ゲスト：沖田《おきた》×華《ばっか》さん

（トリプル発達障害の漫画家・『透明なゆりかご』作者）

沖田×華

富山県出身。1979年2月2日生まれ。小学4年生のときに、医師よりLD（学習障害）とADHD（注意欠如多動性障害）、中学生のときにはアスペルガー症候群と診断される。

看護師として勤務していた頃、周囲、特に看護師同士のコミュニケーションが困難を極め、自殺未遂を経験する。

2008年、漫画家デビュー。2018年、『透明なゆりかご』（講談社）で第42回講談社漫画賞（少女部門）を受賞。同年にドラマ化され、文化庁芸術祭のテレビ・ドラマ部門で大賞受賞。

主な作品に『毎日やらかしてます。』（ぶんか社）、『お別れホスピタル』（小学館）などがある。

NHK「あさイチ」、同「発達障害ってなんだろうスペシャル」等、メディアにたびたび出演している。

岩波 明医師とは、「婦人公論」における「これって『発達障害』？」（2019年3月号）以来、久々の対談である。

嫌われまくっても「?」だった子供時代

◆クラスの「ラブラブクラッシャー」

岩波　発達障害によくある周囲とのコミュニケーションギャップには、いつ頃気がつきましたか。

沖田　小中学校の頃からです。あまりにスゴすぎたせいで、今まで同窓会に一度も呼ばれたことがないぐらい。小中は共学、高校は女子校だったんですけど、本当に嫌われまくってました。

小学校で女子どうし「○○くんが好き」って話になりますよね。それを相手の男の子に言ってしまうんですよ。「○○ちゃんが好きなんだって」とか。そうやってことごとく関係を壊していくから、**ラブラブクラッシャー**って言われてた。

岩波　きっと、沖田さんには悪気はないんですよね。

沖田　「好きだってみんなにわかってもらったほうが動きやすくない?」みたいな。男の子に「俺、別にあいつのこと好きじゃないんだけど」と言われたら、それも女の子に伝えてしまって「なんでそんなこと言うの⁉」って怒られる。

それで、その子の友達まで巻き込んでいく。

岩波　沖田さんの漫画にありましたね。女子全員に囲まれたって。

沖田　定型の人（発達障害でない人）は、私に言っても話が通じないので、第三者に介入してもらうんです。「こういうことされてすごいムカつくんだけど、沖田はわかってくれないの。どうしたらいい？」って相談する。私は裏に呼ばれて、全員からバッシングです。「昨日の、なんなのよ」って。

でも宿題も毎日忘れるような私が、そんな言葉の端々を覚えてるわけがない。**「好きって言ったの、なんでバラすの？」って詰め寄られるけど、それは「内緒にして」って言われなかったから。**

普通、小学生になればわかるんですよね。ヒソヒソ話で「誰々くんが好き」と話をされたら、内緒にするんだって。でも私はすぐ政治家の演説みたいに「この子は○○くんが好きだそうです！」と言いふらしていた。

◆人の話を聞けない「ちくわ耳」

岩波　そういういざこざはあったにせよ、友達関係は充実していたと聞きました。

沖田　それが最近わかってショックを受けたんですけど、**私から見た親友と、親友から見た私は、とらえ方がまったく違っていたんです。**

6歳からずっと、35年来の親友にミッチという子がいます。

ミッチは私との出会いをよく覚えてる。入学式の日に私、タイツも上履きも忘れてきて、スリッパでペタペタ歩いてたんですね。教室で私を見た瞬間にミッチは、「他の子と明らかに違うヤツがいる」と思ったって。で、目が合った。

私、目が合うとロックオンする癖があって。私より気が弱そうで、なんでも私の言うことを聞いてくれそうなタイプを見つけるんです。それがミッチ。

そのとき私、初対面だから何か面白いことやらなきゃと思ったんですね。私は全然覚えてないんですけど、ミッチが言うには「あんたね、『オレたちひょうきん族』の明石家さんまのモノマネしながら近づいてきたよ」。「知っとるけ〜のケ！」ってやつです。

それがあまりにも怖くて、ミッチは固まっちゃった。そのまま私に捕まって、小中高ずっと離れられなかったんです。私は、いつも一緒に帰ってくれていい子だなぁと思ってたんですけど。

岩波　ミッチは沖田さんに心理的束縛をされていた（笑）。

沖田　そう。私は「友達は、この子しかいらない」って思ってました。ミッチは頭が良かったのに、私のルーティンに合わせているうちに、どんどん頭悪くなっちゃった。
　100回ぐらい、私のこと嫌いだって言ったらしいんです。面と向かって「嫌い！　絶交！」って。でも私は「あ、そう。そういえば昨日、駄菓子屋でうまい棒がね」と、まったく話が通じない。ちくわ耳なんです。「私はミッチ好きだよ。嫌いじゃないよ」とか言って終わらせてしまっていた。
　ただ、ミッチは特殊な友達です。今でも会いたいと思ったときに必ず会えるんです。ミッチはスピリチュアルが好きで、前世からつながってるとかワケわからないこと言ってますけど。元看護師の同僚とミッチだけです、今でもつきあってるのは。
岩波　ミッチさん以外のクラスメイトとは、どんな関わりを？
沖田　嫌いな友達はたくさんいました。でも友達って、何をどうしたら友達なのか、長年わからなかった。
岩波　小学1～4年ぐらいまでは一緒に遊んだり、家を行き来したり、それぐらいの関係が一般的な「友達」だと思うんですが。
沖田　友達の家に行っても友達と遊ばないで、漫画見ちゃうんです。部屋で、『ドラえもん』を見つけたら、そればっかり読んじゃう。友達がゲームしてるときも、ずっと本を読んでました。私は遊びに参加しているつもりなんですけど、いつもひとりで勝手なことをしていた。だから友達も「バッカちゃんを呼んでも私と遊んでくれない」と。

最悪、友達の兄弟の部屋にまで入り込んで漫画読んじゃうんです。するとお兄ちゃんからクレームが来てしまう。

で、ある日友達終了の日がある。**「もう遊びに来ないで」と言い渡される。**

それでも行くんです。その子が居留守を使っても、勝手に家に入っちゃう。日曜日の朝10時にこの子の家に行く、というのをルーティンにしていたら、その子がいないとわかっていても行きます。

この子んち行く、いない。この子んち行く、いない。そういうのを3軒ぐらい繰り返してから、公園に行きます。公園でもルーティンの遊びがあって、遊具をひとつずつやります。

そこから本屋で立ち読みです。昔はお店もユルかったんで2時間ぐらい時間潰して。とにかく本の虫でした。

友達に言われたこと、先生に言われたこと、耳からの情報があまりにも入らない。でも字だったらわかるんです。字とか自分の好きな話なら。

◆いじめられてるのに、わからない

岩波 クラスメイトとは、あんまりコミュニケーションを取れてなかったのかな。

沖田 そうですね。ひとりで図書室に行ってました。私的には充実してるんですけど、まわりからすると、**いつもいない**。沖田はいつもどっか行ってるという。

岩波 積極的に排除されたり、いじめられたりもなかった？

沖田 **いじめだとわからなかったんです。遊んでくれてるんだ、かまってくれてるんだと思ってた。陰口はさんざん言われてたんだけど。**

岩波 仲間外れみたいにして情報を教えないとか、集団から排除するようなことでしょうか？

沖田 ぼっちはありましたけど、全然傷つかなかった。クラスの中でだけは仲良くしなきゃと思うけど、クラスから外へ出てしまうと、友達というカテゴリーに入らない。小学校1年生のときは、この子たちに帰る家があることも知らなかったです。いつも学校で会うから、学校にだけいる存在だと思っていた。ある意味「黒板消し」みたいな存在というか。

だから教室でいじめに遭ったときは、逃げる場所を作ってました。すみっこにいると落ち着くんです。音楽室だったらグランドピアノの下とか、ひとりになりたいことがよくありました。

◆「沖田はたまにいなくなる」

岩波　ひとりになりたくて、ふっといなくなる。

沖田　**責められると、言葉が出てこなくなるんです。**

小学校3年生のときに緘黙《かんもく》症になったことがあります。1対1でしゃべられると体が固まって言葉が出てこなくなる。頭の中では謝らなきゃとか、いろいろ考えてるんですけど。

岩波　それは、**「カタトニア」**と呼ばれています。

統合失調症に出現する「緊張病」と似ていますが異なるもので、ASDの方に見られることがあります。静止したまま、コチーンとまったく動かなくなってしまい、30分以上もそのままの姿勢でいることもあります。

沖田　そう。いきなり石になってしまう感じ。

私が何も反応しないでいると、相手がどんどんヒートアップしてくるんですよ。私は表情に出ないだけで内心はどうしよう、どうしようって焦りまくってる。まずい、まずい、ここでしゃべらないと先生が怒る。親が怒る。

最終的にはボコボコにされて泣くんです。一応泣いて気持ちが切り替わると、ちょっと言葉が出るようになります。だから、先生も手が出るようになっちゃうんですね。

緘黙の治し方ってないんですか？

岩波　緘黙まで行ってしまうと、対応が難しいですよね。周囲が一所懸命働きかけたり、怒ったりしても、逆効果で。むしろいったん場所を変えないといけない。

沖田　そのままリアカーに乗せられて、一番落ち着く場所だった図書室に置いてきてもらうのがいいです（笑）。

岩波　そう、保健室かどこかにちょっと放置してあげて、「ゆっくりしてください」というふうにしないとダメでしょうね。

緘黙というのは、本人の頭の中がフリーズしている状態です。でもまわりにはわからない。まず、そういう現象があることを、教師が知ることが必要ですね。知らないと、反抗してだんまりを決め込んでいると思って、自分がバカにされてるようでイライラしてしまうことになります。

沖田　私は普段よくしゃべるだけに、不利になるからわざとしゃべらないんだろう、と見られていました。

◆上着を着るとランドセルを忘れる

岩波　でも、沖田さんは基本的にすごく目立っていたと思います。教室にいなければいないことで、また目立ったはずです。

沖田　先生が対処できないというか。まったく言うことを聞かないので、小学校1年のときに「耳の検査をしてください」と言われました。

2学期の三者面談では「精神病院に行ってください。この子は精神薄弱者です」。母が、そこまで自分の娘は小学校に適応できていないのかと、すごくショックを受けてました。

岩波　授業中に、席を離れてフラフラ歩き回ってしまったりしたことは？

沖田　逆にボーッとしてましたね。音がうるさすぎて、違うことばっかり考えちゃう。

岩波　**発達障害のお子さんだと、立ち歩かないまでも、体をゆすったり、椅子をガタガタ傾かせたりしていることがよくあります。手遊びも多いです。**

沖田　私は机に落書き派でした。塾でもずっと落書きばっかり。漫画のキャラクターみたいな、エロ漫画の裸です。

岩波　ボーッとしていることに対して、小学校の先生は注意しなかった？

沖田　文房具箱とかお道具箱というのがまったく理解できなくて、何のためにあるのかわからなかった。本当は図工の時間に使ったりするんですけど、「これは私の物なんだ」と思って家用にしちゃったんです。

学校に持ってこないから、友達が代わりのものをくれたことがあります。やったーって喜んでいたら先生に取り上げられた。

「自分の文房具箱があるでしょ？　それを持ってきたらいいのよ。なんでお友達のお小遣いで買ってもらおうとするの？　変でしょう？」

でも私は、「だってあのお道具箱は私の物なんですよね。だから、どう使ってもいいんですよね？」。

先生もそれで、この子変だと思ったらしいです。**自分の物に異常なこだわりがあって、絶対にうんと言わない、言うことを聞かない特徴があると。**

岩波　忘れ物も多かったんですよね。
沖田　宿題を忘れるし、物もなくしました。冬はランドセル。**よいしょって上着を着たら、ランドセルのことを忘れちゃう。**
岩波　ランドセルを忘れることは、他の人でもしばしばあるようです。学校に着いてから気がついたという人もいました。
沖田　ランドセルに慣れると、今度はランドセル以外の物が持てなくなる。手提《てさ》げ袋を置いてきちゃうんです、両手が自由になってないとイヤだから。傘もしょっちゅう忘れたし。靴もなぜかよくなくしてました。でも銭湯に行くセットはカゴに全部収まるので、それは忘れない。

岩波　**必需品セットは忘れないようにまとめておく。これはうまい対策です。**

沖田　夏休みの宿題でも注意されたことがあります。

苦情が来たのが、カボチャをくり抜いて作った虫かご。「これならエサいらず！　すごくない？」と思って学校に持って行ったんです。でも腐って臭くなるじゃないですか。それを先生が処分しようとしたら、私は「捨てないで!!」って大騒ぎ。先生3人がかりで押さえつけられました。

あと、友達とのトラブルで問題になったのは、**後ろから肩を叩かれると反射的に叩き返してしまうこと。**

岩波　軽くポン、という程度でも？　一種の感覚過敏かもしれませんね。

沖田　犬がびっくりしてかむみたいに、手が出てた時期があります。先生にめちゃくちゃ怒られてなくなったんですけど。見えない所から急に出てくるとびっくりする。テレビのドッキリとかすごい嫌いで傷つくんで、見るのやめたりしてました。

◆第一印象で死ぬほど嫌われる

岩波　クラスでは、よくしゃべるほうだったんですか？

沖田　すごいしゃべるんですけど、自分の好きなことをしゃべってるだけです。

岩波　コミュニケーションは取れていない。

沖田　**「ねえ聞いてよ！」って押しつける。相手の話を聞いてた記憶がまったくないです。**

岩波　自分のコミュニケーションの取り方は良くないと思ったのは、20代になってからですか？

沖田　そうですね。漫画家になってからです。

岩波　編集者とのやりとりが大変だったと聞きました。

沖田　同業者どうしも難しいです。いつの間にか嫌われてる。

うちの旦那も同業者なんで「この人に口きいてもらえなくなったんだけど、なんでかな」と相談して、何を話したかおさらいするんです。すると、そりゃ怒るよね、というところが見つかる。

岩波　言いすぎることがあるんでしょうか。相手にとって「痛い」言葉で指摘してしまうとか。

沖田　ありますね。**言ってはいけないことを無意識に言ってしまう。今はないですけど。**

岩波　最近は、かなり自分をコントロールしようという気持ちになっているようですね。

沖田　何年か前に「メルトダウン」（精神的に追い詰められ、ストレスが極限に達した発達障害当事者の身に起こる、強いパニック症状のこと）を起こしてから少し性格が変わって、テンションの上がり方がゆっくりになった気がします。

昔はスイッチが入るとガッと怒ったり、グワーッと笑ったり、感情の起伏がものすごく激しかったんです。しゃべるとどうしてもテンションが高くなってしまうので、言っちゃいけないレベルまですぐ到達して、第一印象で死ぬほど嫌われる（笑）。

しゃべってる最中から「なんか変なこと言ってるな」とは思います。相手の表情を見てても、それはわかるんです。

でも自分の言いたいことは全部言わないと、次の話題に行けないから。やめられないんです。ダーッと早口でしゃべって、ハイ私の話終わり、みたいな。

岩波　抑制できずに、すべて言い切っちゃうんですね。

沖田　今はほとんどトラブルはないですが、20代はとにかくぶつかりまくってて。

岩波　発達障害のある人だけではないですが、自覚してかなり抑制する人もいるし、いくつになってもガンガン言う人もいます。

◆「犯罪者になりそうなヤツ・ナンバーワン」

岩波　周囲に「わかってほしいな」と思っていたことはありますか。

沖田　ひとりになりたいときが一日に何回かあって、そのことで怒られていました。時間の感覚もよくわからない。昼休みが終わったのに戻ってこないとか、課外授業で外に行ったら必ず迷子になるとか。でも、わざとじゃないんです。

私的には「何時には、ここにいる」っていうルールがあるだけで。それを知ってほしかったかな。

まわりはしょっちゅう行方不明だと騒いでるけど、私はここにいるので、という感じで。

岩波　発達障害に理解のある先生はいましたか？

沖田　理解はできなかったんだけど、「この子はこういう子なんだ」とわかってくれた先生が高校にいました。数学が、何回補習しても0点になってしまう。そしたら先生に「囲碁につきあいなさい」と言われて、囲碁を5回やったら留年を勘弁してくれました。

そのとき先生が「努力してるけどできないんだってことがわかりました」と。サボってるわけじゃないとわかってくれただけでも万々歳だった。

岩波　教師は疑っていたんでしょうね。全体の点が悪いならしょうがないけど、特定の科目だけガクンと悪いのは、そこだけ手を抜いてるんじゃないかと。

沖田　数学が壊滅的にダメでした。私がひねくれていたせいもあって、**「因数分解を必要とする会社ってありますか？」とか言って、ムダに先生を逆上させるんです。**

小学生の頃もさんざんそういうこと言うから、先生の手が出ました。頭悪いくせに生意気なことばっかり言って、ちっとも言うこと聞かない。

家庭教師は泣かすし、**塾は5回クビになりました。**隣の子に話しかけてばかりいるから。習字教室ではずっと漫画を読んでました。先生に怒られたら「ここに漫画があるからいけないんです、ここに本棚があるからいけないんです」と、全部人のせいにした(笑)。性格が良くなかったです。怒られても素直にごめんなさいと言わないばかりか、大人をやり込めてましたから。

岩波　それも、自然に出ちゃった反応ですよね。

沖田　女子どうしのトラブルも、私は悪くないというスタンスですから。これじゃあ友達いなくなりますよね。

友達になるのは、ミッチみたいな、私の話をちょっと聞いてくれる、優しい子だけ。笑っちゃうのが、卒業文集のアンケートです。私のアンケートは本当に悲惨で「将来ホームレスになる人ナンバーワン」とか書かれてました。

風呂に入るのを忘れていつも汚いし、存在を忘れられている。「将来犯罪者になりそうな人ナンバーワン」とも書かれたんですが、それ見て私、笑ってました、アハハハハって。すごいディスられてるのに、それも笑えてしょうがない。

〝やまとなでしこ〟と正反対の毎日

◆ずっと男になりたかった

沖田　女子として困ったのは、下着かな。

岩波　性別に違和感があったのですか？

沖田　ありました。ブラジャーの締めつけ感もだし、とにかく生理がめちゃくちゃイヤでした。私は学校で始まったんですけど、言えなくて。

岩波　まだきちんとしたデータも調査も出ていませんが、発達障害の特徴を持つ方は、性別違和を感じている方が多い印象です。性同一性障害と診断できる人もいれば、そこまではない人もいる。

沖田　小学生の頃は、ずっと男になりたかったです、私が女だからこういうしんどい目に遭ってるんだと思ってたし。

岩波　日本の女性は、日本的な女性らしさ、いわゆる「やまとなでしこ」的なものを望まれがちです。子どもより大人の女性のほうがその傾向が強いんでしょうけど、発達障害的な特性は、やまとなでしことは逆なところがあります。だから発達障害の女性は男性より、生きることが苦しいんじゃないでしょうか。

沖田　結婚する人は多いかもしれないですけど、問題は育児ですよね。妊娠、出産、子育て。発達障害の人がどうやっているのか不思議で。

私はもともと小児科の看護師だったので、子どもの変化には気づける自信がありました。でも悲しいかな、病気の子の変化はすぐにわかっても、病気のことしかわからない。健康な子の変化がわからないんです。

健康な子の予測不可能な動きに、みんなどう対処してるのかな。私なら絶対に目を離しちゃう。車にはねられたりして、子どもが早死にすると思います。

◆家事はまったくダメ！　夫が支える家庭生活

沖田　友達に39歳の発達の子がいます。彼女は恋多き女ですぐ惚れる。ほぼ一目惚れだし、向こうが好きって言ったら「私も好き！」。今はグループホームで知り合った21歳の知的障害の子といい仲で、結婚したがってる。親は反対しています。障害者どうしでどう生活するんだと。でもふたりは盛り上がってるから、これから大変だなあって。

岩波 第一関門は、家事ですね。
沖田 私はまったくできないです！
岩波 沖田さんのところは、ご主人がほぼ全面的にやっているそうですね。
沖田 小島慶子さんのご主人もそうですよね？ 最高だと思います。
冷蔵庫開けるじゃないですか、私、目薬の位置しかわからないんです。どこに何が入っているのか、もう全然わからない。醤油とってくれって言われても、どこにあるんだろうって。
岩波 国立大学の修士課程を出ているインテリの女性がいまして、発達障害があり結婚されているんですが、やっぱり家事は全然ダメなのです。バイオベンチャー系の企業で仕事をしていて、収入も普通にある。でも毎月、収入よりも支出のほうが多くて、何に使っているのかもわからないというのです。夫が家計をコントロールしているので、なんとかうまくいっている。
沖田 私も、**買い物依存**があります。
岩波 別の女性になりますが、同じものを、必要ないのにいくつも買っちゃうというんです。こういう計画性のない買い方をする人は、ときどきいます。
となると、家庭生活は夫が支える部分が、かなり多くなります。だから夫がいなくなると大変。夫がたまたま病気で何週間か入院したとき、彼女は仕事に行くとき着るものがなくなったそうです。毎日ユニクロで下着から何から全部買って出勤していたので、ものすごくお金がかかったとか。

沖田　どこに脱いでるんでしょうね？

岩波　たぶん床に積み重ねてそのままなのでしょう。洗濯も何もやれないし、やらない。

沖田　私、洗濯だけはしますね。最近ものすごいホコリがつくんですけど、なんでだろう？見ないフリしてます（笑）。

◆「上司の前では黙ってろ」

岩波　会社でも、ちょっとしたものを整理することなどは、女性の役割として求められますよね。それを負担に感じる方は、少なからずいるんじゃないかと思います。表面化しにくいけれども。

沖田　私もむっちゃ気を使ってやっとできるぐらいだから、大変だろうな。

女子会とか、本当に意味がわからないです。酒の席で、ごはん食べて、音楽も聴きながら話をしないといけない。なぜみんな同時並行できるのか!?

岩波　しかも本音は言ってはならない。

沖田　あれは情報共有だけの場なんですよね。今、仕事がどうで、みたいな。まったくついていけなくて、延々ごはん食べてます。延々と食って飲んで、「うんうん」って、酔っぱらって帰る。

真面目に話を聞いていたこともあったんですけど、みんな「前回のドラマもそうだけど……」って、「前回のドラマ」だけで何のことかわかるんですよね。

岩波　わかったフリして、合わせている人も結構いるんじゃないかな。

沖田　それが不思議でしょうがなくて。なるべくしゃべらないほうがトラブルが少ないとよくわかったので、困ったときは無理にしゃべらないと決めてます。

岩波　普通の会社員にもあてはまると思いますけど、対人関係にトラブルを起こしやすい人には、

「まずはちゃんと聞け。かぶせて話すな。それでもダメなら、上司の前では黙っていろ」と言うようにしています。それが日本の社会でうまくやるコツ。

黙って言うことを聞いているほうが賢いのです。そこで、「違いますよ、課長」とか言うと、たとえそれが正しくても、会社としてはダメなのです。

特に人前で言っちゃうと、アウトです。

上司に恥をかかせ、恨みを買うからです。良い悪いの問題ではなく、それが日本的な風

習なのです。

沖田　どうしてもウチらって自分が正義で、自分を基準に考えてしまいがちだから、就職してつまずく。なんで私がこんなことしなきゃいけないんだ、ということが多々あります。借金玉《しゃっきんだま》さんが書いた『発達障害の僕が「食える人」に変わったすごい仕事術』（KADOKAWA）という本を読んで、すごいと思ったのは、**「会社に入ったら、そこは部族なんだと思え」**。

部族のならわしには従わなければいけない。そう考えたらすんなり理解できます。会社という部族はこういうルールでやってるからこうしてね。酋長さんに言い返してはいけないというのも部族のルール。それは理にかなってるなと思いました。

岩波　ただ、それだけだと組織としては弱いんです。部族の伝統的なルールだけで何年かもつとしても、どんどん萎んでいく。

そこをガツンと切り開く企画力、突破力のある発言や行動が、本当は必要なのです。それができるのは、実は発達障害の特性がある方だったりします。

沖田　アイディアは素晴らしいけどワンマン、みたいなところもある。

岩波　**だから発達障害の人には、陰でサポートする人が必要です。その人の良さをわかって、一緒にうまくマネジメントする人が重要です。**ひとりじゃ弱くて潰されるし排除される。

岩波　病院で学習障害と言われたのは、小学生の頃でしたか？

沖田　はい。小学校4年生のときにLDと診断されています。

岩波　そもそも、発達障害というのは病名ではなくて総称です。

代表的なものがADHD、ASD、LDで、それぞれ重なる部分もありますが、今でも全体の関連はなかなかわかっていません。

沖田さんのお話を聞くと、こだわりの強さ、対人関係の機微がわからないところはASDに含まれるアスペルガー症候群的なところがあります。けれども人間関係はけっこう多彩に展開されていて、そこは典型的なアスペルガー症候群とは違いますね。

沖田　先生は、発達障害の女性と男性、どっちが話しやすいですか？

岩波　男性のほうが治療については型にはまった感じがあります。女性は個別対応が大きいかな。専門外来には大学の後半か、社会人になってから来る方が多いです。男性は仕事にしがみつく傾向がありますね。

そこそこの有名大学を出ている男性は、「この会社に入ったから絶対辞めない！」みたいなタイプが多くて、なんとか薬で保っていることも多いです。女性もそういう人はいますけど、いつの間にか結婚している主婦もいるし、男性よりもバラエティに富んでいますが、そのぶん、定型的な対応ではうまくいきません。

この「こだわり」だけはわかってほしい！

◆旦那のゆるゆるパンツを履き続けるワケ

岩波　下着の締めつけがイヤだとか、そういうこだわりは今でもお持ちですか？

沖田　はい。でもそれは健康のためだと考えるようにしています。自分の体のため、というルーティンにしたいなと。

今までは自分のこだわりでギッチギチだったんですけど、**ストラテラ**（ＡＤＨＤ患者に処方される代表的な薬）を飲んで、こだわりがゼロになったことがあって。「こだわりって薬ひとつでなくなるものなんだ」と思って、一時的に青い服を半分ぐらい捨ててしまったことがあります。前は泣き叫ぶぐらい捨てるのがイヤだったのに、「あ、大丈夫なんだ」って。捨てたからといって自分が死ぬわけじゃないと、よくわかりました。

あと、予定が変更になるとパニックになるし、時間通りに人が来ないと私は死んでしまう、みたいな強迫観念もあったんですけど、それもなくなりました。

岩波　いろいろな面で余裕が持てるようになってきた。

沖田　旦那のパンツをはき続けることだけは、旦那が嫌がってますね。旦那がはかなくなったもうユルユルヨレヨレのパンツをはく。

岩波　自分用に、大きめのものを買おうとは思わないんですか？

沖田　新品はイヤなんです。パリッとしてるのがイヤ、フニャフニャがいい。

岩波　新品を何回も洗濯して、こなれ感を出したらいいんじゃないでしょうか。

沖田　気がついたら10年以上はいてたことがあります。破けたタイミングでやっと捨てました。元彼のパンツです。桜壱《さくらいち》さん（夫の桜壱バーゲンさん）と会う前だから、17年ぐらいはいてた。

これでも妥協して歩み寄ってるんです、私は。

それまで裸族だったから「はいてくれって言うからはいてるんだよ」と。ユルユルでもはいてるんだからいいでしょ。それに冬は一応ズボンをはくようになったんで、ノーブラノーパンでも見えない。だから冬は平和。

逆に夏は修羅場です。汗かくから、ふたりとも脱いで、いつも裸でウロチョロして。

岩波　冷房をつけたらどうですか？

沖田　ダメなんです。汗で肌着が張りつくのがイヤ。**汗かいたらすぐに「イヤ！　もうイ**

ヤ！」って脱いじゃう。

岩波　それも、感覚過敏の症状かもしれないですね。

沖田　ひとり暮らしをしてた頃は天国で、「裸族最高！」。服も買わなくていいし。

風俗の仕事に行くのに自転車に乗るときしか服着ないんです。店に着いたらすぐコスチュームに着替える。お金をまったく使いませんでした。

◆変質者の見分け方を教えてほしかった

岩波　周囲の人に対して、こんなふうに対処してほしかった、ということはありますか。

沖田　キリのいい時間、キリ良く終えられるタイミングを教えてほしかった。

過集中で何かしているのを中断されると暴れました。例えばゲームをしていて、言うことを聞かないからって親が電源を切ると、大暴れ。

これ終わったら風呂に行く、これ終わったらごはん食べる、という切り替えがとにかくできない。自分でできないから親にしてほしいんです。自分がパニックにならないような気持ちの切り替え方が、子どもの頃はわからなかった。

岩波　**過剰集中に入ってしまうと、まわりがコントロールするのはなかなか難しい気がします。途中でなんらかの働きかけをすると、逆に不安定になりそうだし。**

仕事で漫画を描いているときは、過剰集中的に取り組んでいるわけですよね。

沖田　講談社にこもって7時間とか仕事するんです。それでも大人になってから集中力が切れやすくなったので、ちょっとやって休む、という感じ。30分やって30分寝るというのを意識してやるようにしてます。昔と比べて、すごく疲れやすくなった気がします。

あとやってほしかったのは、どうしたら成績が上がるかという対処ですかね。成績を上げるにはどうしたらいいか、親がすごく考えてくれたんだけど、私は1ミリも応えることができなかった。

たぶん普通のやり方じゃダメなんです。特別な教え方をしてもらえないと漢字は書けない。いまだに一部は書けないんです。

岩波　学校では先生が個別に対応して、独特な教え方をする必要があったでしょうね。

他に、発達障害のお子さんを持つ親御さんやご家族に対して、伝えたいことはありますか？

沖田　**危機管理能力がないので、変質者を見分けるにはどうしたらいいか、教えてほしかったです。**

一番多いのは、道を聞かれるパターン。「公園を探してるんだけど」って。ここですよって教えると「一緒についてきてくれ」。公園までついて行って、そこで別れようとすると「ちょっと話そう」。この時点でも私、何も疑ってないんです。

塾の帰りも狙われます。

変質者は相手がひとりのときを狙うので。同時に3人の変質者にストーカーされてたんですが、みんな私が何曜日に本屋に寄るか、知っていました。

岩波　そういった人は、どこかに身を潜めて、ターゲットになりそうな女性を探しているんでしょうね。

沖田　発達障害の人は決まった行動しかしないし、ひとりでの行動を好むので、狙われやすいんでしょうね。私の場合、**防犯ベルもうるさいのがイヤで鳴らせなかった。**

とにかく、見分け方を教えてほしかったです。

杖《つえ》をついてる体の弱そうなおじいさんに声かけられて、親切にしたら思いっきりケツを触られたことがあります。

ひとつだけヤバいと思ったのは、カメラ。相手がカメラを出したら終わりというのが、だいぶわかってきた。

岩波　実際には、小学校低学年の子に変質者の存在を説明するのも、なかなか難しいですよね？

沖田　親に言ったら怒るんです。「あんたのせいだ！」ってなる。

岩波　被害者にも落ち度があるという見方になるのでしょうか。

沖田　「あんたがいつも、ひとりでフラフラしてるから」ってなるから。

岩波　確かに、ひとりでフラフラしていると目を付けられてしまうのは事実ですね。ただ、その子の特性だから仕方がない面もあります。

◆怒られると眠くなっちゃう

沖田　それから、あまり怒鳴らないでほしいです。うちのオカンはヒステリックに怒鳴るタイプだった。

岩波　お母さんは、病院から説明されて発達障害のことはわかっていらしたんですよね？

沖田　手探りというか。「発達障害というのは、目の見えない人に色を教えるのと一緒で……」と説明されても、オカンにはピンとこないんです。私には色が見えているし、そのたとえは変だ、もっとわかりやすく言ってくれと。

『窓際のトットちゃん』をプレゼントされたときも、理解していませんでした。黒柳徹子さんという他人の昔話を自分とつなげることができない。

岩波　**「うちの子は絶対に発達障害なんかじゃない」と言うご家族は多いです。**
何を聞いても「問題ありません」の一点張りで、完璧に否定してくる。
逆に、診断が付く例で本人が否定しようとするケースは、ほとんどありません。むしろ「はっきりと知りたい」と言う人が多いぐらいです。
ただ、まれなケースですが、「他の病院でさんざん診断を受けていますけど、発達障害だけは違います」と言い張る人がいます。

沖田　そういう方もいるんですね。

岩波　その人には、発達障害以外の診断はいろいろついてるんです。でも私が「発達障害だと思います。軽いけれどそういう傾向がありますね」と説明をすると、「絶対にそんなはずはない」と断固拒否をされました。

沖田　なるほど、そうなんですか。
「こうしてほしかった」の続きですけど、怒り続けないでほしい。**あんまり怒られると眠たくなっちゃうんです。**あくびが出たりダルくなっちゃう。

岩波　すると、なんだその態度は、となるわけですね。
親に一番怒られたことは？

沖田　宿題しないこと、勉強しないこと。

たまに机に向かっていると思うと絵を描いていて、それが見つかるとめちゃくちゃ怒られる。親にとって絵は無駄なこと、意味のないことなんです。

「どうしてそんなことに集中できて、勉強には集中できないんだ」と親は言いますが、私が聞きたいよと。答えようがないんです。なんで勉強できないのか、わかんない。

そのことで小学校の時間を無駄にしたような気がします、何時間も座って。

でも、人に見られているとできないんです。で、「何もせんと！」って怒られたイメージしかない。逆に何をしたら怒られないかを聞きたいです。

岩波　お母さんは、発達障害のことを理解している部分もあれば、していない部分もあったということですね。とりあえず、親として怒らなきゃいけないと思ったのかもしれませんね。

沖田　おっぱいばっかり描いてたから、「うちの子、頭がおかしくなった！」って焦ったんでしょうね。

あとは教科書にパラパラ漫画。歴史の時間は偉人にヒゲ描いて。白いところは全部落書きです。

岩波　**ＡＤＨＤには、絵が好きな方はすごく多いです。**

そういう良いところを伸ばしてあげよう、というようにはいかないんですかね。

沖田　なかったですね。うちは不安定な自営業だったせいか、「とにかく免許取って安定してくれ、看護師になれ」と言われてました。「結婚相手は公務員じゃなきゃダメ」とか、よくわからない条件つきでしたけど。

岩波　いまだに公務員志向って、特に地方では強いです。

沖田　良い会社より資格がステータス。免許さえ持ってれば食いっぱぐれない、一生仕事に困らないから取っておけと。

資格を取ってなったものの、看護師時代は暗黒でした。

岩波　看護師さんの仕事は、発達障害の人が苦手なマルチタスクが避けられませんからね。対人関係も複雑です。

沖田　ナースどうしのコミュニケーションが優れていないといけない、という絶対のルールがあって。ナースの輪に入れなかったらおしまいなんです、どんなに仕事ができても。

岩波　女性だけの職場は、幼稚園にしても保育園にしても。なんかキツいところがあるようです。特に人事が固定化していると、難しい場合が多い。

沖田　**絶対的なボスがいるんです。ヤクザみたいな世界で、その人に嫌われたらおしまい。**その〝部族の掟〟に気がつかないまま辞めちゃったんですけど。大変でしたよ。

「女子に『太った？』とはゼッタイ言うな！」

◆「なんでカレーじゃなくてうどんなの!!」

岩波 沖田さんから発達障害の女性へ、アドバイスできることはありますか？

沖田 無意識のうちに、人にすごい迷惑かけてます。

岩波 今のあなたが、10代後半、20代のあなた自身にアドバイスするとしたら、いかがでしょうか。

沖田 **女の子に、スタイルや体重のことは言うな。「太ったね」とは、絶対言うな。**

相手が好きな男の子に対してもノータッチでいろ。ブサイクでも「ブサイクだね」って言っちゃダメ。「この人のどこがいいの？」とか言ったらいけないよと。

昔の私はどうしても、思ったことをすぐに口に出してしまいがちでした。

岩波 男性が気にするのは、体型より髪ですかね。「減りましたね」はダメでしょう（笑）。

でも逆説的ですが、そういう直接的な物言いは目立つし、魅力的に映る場合もあります。実際、ドラマのヒロインにそういう人が多いですね。**『東京ラブストーリー』の赤名《あかな》リカ**も、帰国子女の設定で歯に衣着せぬタイプだったし、最近だとＮＨＫ**『半分、青い。』のヒロイン・楡野鈴愛《にれのすずめ》**もＡＤＨＤのようなところがあって、突然何かしでかしてしまう。みんなが皆そうなわけではありませんが、発達障害の特性が、ある意味プラスになることもあると思います。

沖田　自分の思っていることと、相手が思っていることは違う、ということがわからないんです。

私は昔から、友達が自分の一部みたいな感じになっちゃう。**友達が私と違う意見を持っているとは夢にも考えてない。**私がこうだからキミもそうだよねって、自動的に思ってしまう。どうしてなんだろう。

岩波　学校でも社会でも、自分と意見の違う人はけっこういたはずなのに。

沖田　ケンカして、自分とは違う意見が出たとき、パニックになったりしてました。「なんで友達なのに、そういうこと言うのかな？」って。

10代～20代は、めちゃくちゃ怒りっぽかったです。

昔、m·i·x·iに日記を書いてたんですけど、読み返すと毎日必ず何かに怒っていたのがわかります。なんであんなくだらないことに腹を立ててたんだろう？　晩ごはんがカレーじゃないってだけでブチ切れたり。

岩波　相手に作ってもらった食事なのに（笑）。

沖田　「なんでカレーじゃなくてうどんなの！！！！！！　別れる！！！！！！」と。楽しみにしてたことをくじかれた気がするんですね。**「臨機応変」ができない。**

旦那がA型で優柔不断なんですけど、昔はほんとに殺意がわくほど腹が立ちました。「犬飼おう……あ、やっぱやめた」とか、すぐ言う人なんです。

岩波　かえって相手が優柔不断なほうがいいこともないですか？　相手がどんどん話を進めていくと、沖田さんの思いと違う方向に行くから。

沖田　私は受け身なことが多いです。食べ物の好き嫌いが異様に激しいだけで、豆さえ出なければ、私は何も言うことはありません。ペット飼おうって言われたら、「うん、飼ったらいいいんじゃないの」みたいな。

岩波　でも、一回決まったことを変えられるのはイヤですか？

沖田　イヤですね。今まで相談してきたのはなんだったんだ、無駄じゃないかと。まじめに答えていたのに、全部なかったことになるんでしょっていう。昔はキレてましたね。

ｍｉｘｉで思い出したんですけど、ＳＮＳにはルールを決めてます。危険だなと。ツイッターはやってるんですけど、旦那とのルールがあって、政治のことはしゃべらない、同業者はディスらない、金のことは言わない。以上３つのルールで、炎上するものは全部避ける。リプも返さないです。**自分のこだわりで、１日に３回しかつぶやけないので、たくさんツイートしたいときは困ります**（笑）。

◆「手作りの食べものが苦手」な人もいる

岩波　今、漫画家のお仕事をされてますが、編集者に対して言いたいことはありますか？

沖田　私についていえば、自分の特性を話していますから、今は大丈夫です。会社員として発達障害の人が働くうえでは、**聴覚過敏は大変だと思うので、イヤホンをつけるのを許してあげてほしい。**

岩波　会社によっては、ちょっと遮蔽《しゃへい》した場所を用意してくれる例もありました。

沖田　仮眠スペースのある会社を見たとき、夢のような職場だと思いました。

でも職場でいきなり「私は発達障害です」と自己紹介してもまわりはピンとこないし、なんか重い感じがするんですよね。性格的なものじゃないか、わがままの度が過ぎるだけなんじゃないの、なんで特別扱いしなきゃいけないの、という反感を持たれると、かえって面倒。

岩波　**知的障害と誤解される面もあります。**一般の人が知らないのは、しょうがないですけど。

沖田　飲み会が苦手な人もいるから、そのこともわかってほしい。うまい断り方があるといいですよね。発達障害アイテムをつけることを許してもらうとか。

手作りの食べものが苦手なこともあるんです。でもせっかく作ってもらったのにいらないって言うの、気まずいじゃないですか。

岩波　自分の母親が作ったおにぎり以外食べられない人とか、いますね。

沖田　クッキーも人が作ったものはイヤとか。前もって言ったほうがいいかな。

岩波　社会や行政に対してはどうでしょうか。

沖田　子どもの発達障害についてはケアが進んでると思いますが。社会人になってから気づくパターンも多いと思います。なのに病院に行こうとすると2～3カ月待ち。

岩波　実は今でも、対応している医療機関が少ないんです。

特に民間のクリニックだとなかなか対応できません。発達障害の診察は、ピンポイントで症状を聞くだけではなくて、ある程度の時間をかけて経過を追わないといけない。そうすると、ドクターひとりでやってるようなクリニックだと難しいのです。

みんなが天才なわけじゃない

◆女子との会話で出てくる「赤い矢印」

岩波　沖田さんは共感覚をお持ちなんですね。絵に味を感じるとか、音に色を感じるとか。

沖田　そうです。

岩波　19世紀フランスの有名な詩人**アルチュール・ランボー**とか、ロシアの抽象画家**カンディンスキー**といった人にも、同じような記録があるんです。

音に色を感じるというのは「色調」といって、ドレミファで全部色が違うそうです。

沖田　数字にも色を感じたりって、あるみたいです。

岩波　この現象は異常ということではないようで、報告はけっこう多い。発達障害に関連していると言われますけど、はっきりはしていません。

沖田　コミュニケーションの最中も、色を見ることがあります。

例えば、会話中に悪意のあることを言われたときに、違和感が色で出てくる。しゃべっているときに赤い矢印がピャッて入るんです。「あ、このフレーズは何かあるぞ」と。矢印が大きければ大きいほど悪いことで、違和感が大きい。
家に帰って反芻《はんすう》してみると、「ああ、あれは発達障害に対するマウンティングだな」とかわかる。
特に女どうしの会話に多いです。
岩波 さまざまな報告がありますが、およそ100人にひとりぐらい、そういう症状を持つ方がいるようです。烏山病院のソーシャルワーカーはＡＤＨＤで共感覚がある人なんですが、音と色の組み合わせの共感覚を持っています。
岩波 発達障害に対する世の中の誤解で、気になるものはありますか？
沖田 天才という思い込み。みんながみんなレインマンだの、小島慶子さんみたいに天から授かり物を受けた存在じゃないんだっつーの！
「この子には何かずば抜けたものがあるはず！」という目で見てくるのがイヤ。
岩波 沖田さんには、漫画の才能があるじゃないですか。
沖田 たまたまです。漫画は編集者と作ってきて、昔から比べるとうまくなったんです。昔は、場面が移ると日付が違ってるとか、登場人物が脈絡のない話をしてるとか、ありました。

漫画家はADHDめっちゃ多いです。

岩波　**水木しげる**さんと**さくらももこ**さんは、確実にそうですね。水木さんは子供時代にボーッとしてたから知恵遅れと思われて、小学校の入学が1年遅れたそうです。

沖田　戦争行ってよく死にませんでしたね。

岩波　爆弾がいっぱい落ちてくるのを「キレイだなー」と見てたり。ニューカレドニアの現地に溶け込んでしまって、「嫁をやるからここでずっと暮らせ」って言われたそうです。

さくらももこさんは沖田さんと似ているところがあり、「授業中、いつも私は白昼夢の中に生きていた」とエッセイに書いています。

沖田　ももこさんの漫画、背景に規則性があって、きっちりされてるんです。色とか独特ですよね。海外の人みたいな感じ。

◆発達障害の人こそ大学進学を

沖田　でもやっぱり、発達障害だから天才ってわけじゃないです。

発達障害の子どもの親が心配するのは、その子が社会にちゃんと出られるのかということです。芸術方面に行かせたいと親が思っても、子どもがそれを望んでないとしたら地獄になる。

子どもの夢ってけっこう実現しないことが多いから、目標はとりあえず大学にしておくのがいいんじゃないかな。大学を出たらそこそこの就職ができると思うから。

岩波　特に発達障害の人は、経済的に可能であれば大学に行ったほうがいいと思います。

社会に出る前の猶予期間ができて、自分なりに勉強したり、アルバイトして「こんなミスをしやすい」と知っておいたりすることは重要だと思います。高校生だと忙しいし、社会に出る練習というのは、なかなか実感できないでしょう。

沖田　私は大学に行かなかったから、うらやましいです。

岩波　外来などで、進路について相談されたら、「可能なら大学に行ってください」と言っています。そうすると高校生のとき薬を飲んでいた人が、やめることもできるケースもありました。大学はゆるいですから。

沖田　そうそう、そのゆるさが欲しい。

岩波　高校を出てすぐ実社会に入って、厳しい環境でつらい思いばかりを繰り返すと、自己肯定感が低くなって、生きづらさばかりを覚えることになる。

沖田　15歳でコーヒーの焙煎士をしている岩野響さんを見て親たちが変わってきたというか。「うちの子にも才能があるはず！」って。

岩波　でも、「うちの子、特別な才能はないんです」って人もいるから、天才だのなんだのと言われちゃうと、かえって余計なプレッシャー、マイナスだという親御さんもいます。

沖田　一部の成功者がいることも事実だけど、そればかり見てしまうとしんどい。観察して、その子に合ったものが見つかるといいですね。私も子どもの頃、こういうところが足りないからこういうことしよう、と教えてもらえれば良かったです。

岩波　漫画家は天職だと思いますか？

沖田　そうですね。アシスタントの給料の計算ができないぐらいで、今のところ問題はないです。仕事も安定してるし、締切は守ってるし。これまでの仕事で一番平穏な感じ。

岩波　今、あえて漫画以外のことをしたいと思いますか？

沖田　私の弟が同じ特性を持っていて、今グループホームにいるんです。私にホームの運営はできないと思いますが、もっと選択肢がないかなと思っちゃいます。今、グループホームってネット環境がないと人が入らないんですよ。

弟は36歳になるんですけど、自分が年を取ってることをわかってないらしくて。「俺、おっさん嫌い」とか言う。お前ももうおっさんだよ！（笑）

やっとグループホームに入れて安心だけど、いつ出て行けと言われるかわからない。前にいた所は良かったんですけど、仲が良かった職員さんが辞めてから合わなくなって。そういう施設をもっと作りたいなと思います。

◆**認知の歪みを直してくれるパートナーが不可欠**

岩波　ひとつ、いいでしょうか。若い方で、発達障害をお持ちで、漫画なりイラストなりの技術を持っている。そういう人たちに、沖田さんのように成功するためにはどうしたらいいか、アドバイスはありますか？

沖田　**ひとりじゃ無理。なので、できればパートナーが欲しい。自分の認知の歪みを逐一《ちくいち》直してくれる存在が絶対に必要です。**

私は旦那がいなかったら漫画家をやれてないので。悲しいことにそういう歪みは、自分じゃ一生気づかないんです。何かおかしいなとは思うんだけど。

岩波　それは、夫やパートナーでないと難しいですか？　例えば家族ではダメ？

沖田　家族は入り込みすぎますからね。

生まれたときから私を知っている人は、私のベースの性格を基準にしてるんです。だからアドバイスが人格批判になってしまう。仕事にしろ結婚にしろ、私が成人になってから

関係が始まった人のアドバイスのほうが、わかりやすいです。

岩波　おっしゃる通りで、家族は冷静でいられない。

沖田　否定ばっかりするじゃないですか。

岩波　家族は感情的に話してしまいがちですね。「あのときこうして、こう言ったからこうなんだよね」とか、過去を反芻することがよく起きます。

沖田　それがイヤ！　過去の過去までほじくりだして。「私だって言いたいことはたくさんあるよ。でも我慢してしゃべらないのに、なんでそっちはズケズケ言うわけ？」って思います。

岩波　いま比較的多いのは、中高年夫婦で来る方。特に奥さんが夫を連れてくるパターンです。夫が話を聞かない、何か頼んでもやってくれないという妻からの主張です。どうやったら良いパートナー、理解あるパートナーを見つけられるんでしょうか。

沖田　**バツイチで子育ての経験がある人がいいかもしれません。**私、旦那がバツイチで子どもがいるんです。それも子育てを妻に任せず、ふたりがかりでやった経験がある。そのベースが、私をとてもサポートしてくれてるんです。女に任せるんじゃなくて、自分もやる。そういうベースのある男の人じゃないと私はつきあえないと、旦那に出会って気づきました。

岩波　女性に「家事全般やれ」って言う男性、あるいは口には出さなくてもそう思ってる男性って、今でもめちゃくちゃ多いように思います。女性は家にいて、おとなしく家事、育児をしていればそれでいいという考え方です。

沖田　地元はモラハラがすごく多かった。うちの親もそうで、男よりちょっと収入が少ないからって、こんなに女が虐げられる結婚なんか絶対イヤだと思ってた。

そうなると自分で稼ぐことが大前提。だからつきあう男は自分より収入が低くてもいいんです。

最初につきあったのは、私のルーティンを邪魔しない男。でも結婚となるとまた全然違ってくると思います。

私には、子どもがセットになってくるのは無理。

岩波　多くの日本の男性は、女性は働いていても家事もやるべきだ、と考えがちです。女性は、疲れて帰ってきても食事のしたくをするのが当然だと考えている。

沖田　地元はほんと住めないと思いました。でも東京に来てそれがなくなった。

東京に来たほうがいいです。結婚じゃなくても幸せになれる選択肢がいっぱいありますから。

岩波　そういう考えになったのはいつ頃ですか？

沖田　これまでのパートナーだと今の旦那が一番つきあいが長くて、15年ぐらいになります。いろんな職業の方とつきあったんですけど、今の旦那が一番「女の仕事」みたいなものを押しつけてこない。

こちらに対して、ちょっと諦めてくれる人がいいです。

ダメな男は、みんな「努力すればできるでしょ？」って言うんです。「俺のためならできるよね」って。

でも努力したって、ADHDだからダメじゃないですか。

片づけしても「見えないものは存在しない」んです。一度冷蔵庫に入れてしまったらネギなんかボーボーに根っこ生えちゃう。だから出しっぱなしにする。見えないところに収納すると全部忘れます。

岩波　「隠し部屋」とか言って、なんでも押し込んでいる人がいますね。

沖田　障害を理解しろとは言わないけど、できないものはできないんだと割り切ってくれる相手にしたほうがいいです。

「俺のオカン、なんでもできるから、掃除も料理もうまいから、教わったらいいよ」なん

て、もう最悪。地獄じゃん、やれったってできないんだから！

岩波　いろいろな点を諦めてくれるバツイチのパートナーが必要だ、というのは非常に明解ですね。

沖田　「俺のこと好きなら」とか言う女々しい人がダメ。「もう今日疲れた～」とかはいいんです。「じゃあ出前頼むか、食べに行こう」で済むから。

でも「俺疲れてるから飯作れ」はダメ。私なんてちょっと前まで、レトルトのカレーですら煮すぎてグッチャグチャにしちゃったくらいなんだから。

ただ最近、ダイエットで糖質制限の料理を作るようになったら、めっちゃうまいんです。どうしてだろうと思ったら、自分のために作ってるから。私、今まで人のために料理を作ってたからダメだったんだとわかりました。人が好む味がわからなくて、「おいしくない」と言われ続けて、料理やめちゃった。

でも自分のために作ったらおいしい。

岩波　自分の好きな味を作れれば、違いますよね。

沖田　好きな人にもそういう感じで作ればいいんだって、やっとわかりました。

岩波　ご自身の特性を生かしながら着実に前に進んでるのですね、今後もご活躍ください。

沖田　ありがとうございます！

2 章

《対談②》

医者も家族もわかってくれず……女子のADHDはこんなに大変

この章では、女子あるいは女性の発達障害の方が抱えるものについて、私がいま診察しているおふたりのＡＤＨＤの方に登場していただきます。

おひとり目は、20代の絵画講師の方です。

鈴木綾香さん（仮名）…………20代、絵画講師

岐阜県出身、5歳から名古屋で生活。小学生の頃から忘れ物が多く片づけが苦手。いじめの被害あり。友人は少数で、よく絵を描いていた。美術系の高校を経て地元の美大に進学。平成30年から首都圏の美大大学院に進み令和2年春に修了。近医より紹介され昭和大学附属烏山病院に受診となる。

◆掃除用具のロッカーに隠れていた

岩波　小学校時代、落ち着きがないところはありました？

鈴木　はい。落ち着きがないってよく言われました。

岩波　授業中、教室から飛び出してしまうことがあったとか？

鈴木　**静かな時間が続くと耐えられなくなって、教室から飛び出すことがありました。**掃除用具のロッカーに隠れたりして。でも先生も見つけるのがうまくなって。高学年にはおさまってた気がします。

岩波　外には出ないの？

鈴木　幼稚園の頃に1～2回、外へ脱走しました。

岩波　当時は忘れ物も多かった?

鈴木　**鞄に何も入れないで登校したり。**小中学校が一番ひどかったです。

岩波　つらかったのは、お父さんの再婚相手に冷たく当たられたり、暴力を振るわれたりしたことだそうですね。

鈴木　5歳のときに引っ越したきっかけが、父の再婚で。継母《はは》は今は丸くなりましたけど、当時はきつかった。

岩波　どうして、そんなに鈴木さんにつらく当たったんだろう?

鈴木　最初は私が父にかわいがられてたんです。継母はそれがイヤで、ご飯をあまりくれなかったらしいです。

小学校に上がってから暴力が始まりました。姉が実の母から誕生日プレゼントを贈られたとき、継母が「こういうことしないで。あなたはこの子たちを棄てたんだから」と電話していたんです。姉は泣いてた。「お姉ちゃんが可哀想」と言ってから、暴力が激しくなったような気がします。

岩波　なるほど。学校で気持ちが苦しくなってしまうのと、関係していたかな?

鈴木　反映していたと思います。もともとちょっと変なんですが、拍車をかけたというか。

岩波　小学校の頃はつらいこと、悲しいことが多かったのですね。

鈴木　そうですね。

◆家事を全部やらされていた

岩波　楽しいことはなかった？　確か、絵を描くのは好きだったんですよね。

鈴木　転校してから、ものすごく仲の良い子がひとりいて。その子がいたから、当時はつらいという意識があんまりなかった。

岩波　小中一緒だったの？

鈴木　はい。

岩波　前にお話を聞いたときは、中学でも忘れ物が多かったっていうことでしたが。

鈴木　うちの中学は、翌日の荷物を先生が、帰りのホームルームで黒板の小さいスペースに書くんです。それをみんなメモして持ってくるというシステムで。なぜか私、それをメモしなかった。朝、電話して友達に聞けばいいやと思って。

岩波　聞くのを忘れたりしたら、持って行けないですよね。3年間そのシステムでしたか？

鈴木　はい。2年生ぐらいに、ダメだなって思って、先生にメモ帳持たされて。

岩波　忘れ物が多いから、先生が手立てを考えたんだね。

鈴木　担任からあれをしろ、これをしろと言われてから忘れ物が少なくなりました。

岩波　だけど、成績はけっこう良かった。
鈴木　中学2年生のとき、良い先生に教えてもらえて。
岩波　それから自分でもがんばるようになったんだ。
鈴木　1回、0点取ったぐらいで。
岩波　ずいぶん極端ですね。そこからトップクラスまでがんばったわけですね。もともと能力はあったんでしょうけど。友達関係はどうでしたか。中学で意地悪されたりしなかったですか？
鈴木　特にうちのクラスは仲が良かったみたいで。
岩波　いじめもありましたか。
鈴木　いじめみたいなことは、ありましたね。中学生だから「バイバイ菌」みたいな、簡単ないじめです。
岩波　高校からガラッと生活を変えたんですね。
鈴木　はい。初めて地元から離れて高校に通って。そこらへんからですかね、「もしかしてうちの家庭っておかしい？　私っておかしい？」って感じ始めました。
岩波　ひとり暮らしするようになったんですね。学校はどうでした？　美術系でしたよね。
鈴木　高校にはやっぱり絵のうまい子がいっぱい来てたので劣等感もあったんですけど、

平和でいじめとかはなかったです。

岩波　友達関係は落ち着いたんですね。その頃、絵をがんばっていた。

鈴木　はい。不器用だったので全然うまくなかったですが。

岩波　ひとり暮らしは食事とか大変じゃなかったですか？

鈴木　みんなに「綾香はひとり暮らしダメそう」って言われたんですけど、そんなことまったくなくて。中学の頃は、家族全員の食事を作って、食器を全部洗って、洗濯をして干して。家族の家事を全部やらされていました。姉は家にいたくないと言って、高校になったら帰ってこなくなったし、兄も継母に耐えられなくなって。

岩波　お母さん（継母）は家事をしなかったの？

鈴木　料理は上手でした。休みの日や機嫌のいいときはごちそうを作ってくれました。

岩波　でも、日常的な家事は全部あなたがやってたんだ。大変だったね。

鈴木　そのときは大変とは思ってなかったんですけど。

岩波　それなら、ひとり暮らしも苦労しなかったわけですね。

鈴木　カレーを作るにしても、家族だと一瞬でなくなってしまうけど、ひとりだったら何日分にもなる。「ひとり暮らしって全然苦じゃない！」と感動した覚えがあります。

岩波　自分は少し変じゃないかって思ってたそうですが、どういうところが？

鈴木　みんなが3つのことをペース配分してやれるのに、私はひとつのことしかできない。**同時並行ができなくて。**大学の卒業制作がF100号サイズ（162cm×130cm）を3枚分だったんです。最初の1枚、150ぐらいのものを朝から晩まで、卒業までずーっとひたすら描いていました。

岩波　でも3枚仕上げなきゃいけないいんだよね。あと2枚は？

鈴木　しなきゃいけないいんですけど、全然切り替えができなくて。

◆薬がなければ卒業できなかった

岩波　同時並行の作業は、できない感じなんですね。

話は前後しますけど、A大学の附属高校だったんですよね。大学は知っている人が多かったのかな？

鈴木　そうですね、エスカレーターで上がった同級生が5人ぐらい。地元のグラフィックデザイン系だとA大学とB大学の2つがあって。優秀な子はB大学に進んで、私が進学したA大学は滑り止めという感じでした。

岩波　外から来る人も当然いるわけですよね。高校時代と大学では、ずいぶんまわりの学生さんも変わったと思います。高校はわりと友達関係が落ち着いていたということでしたが、大学入ってからはどうでしたか？
鈴木　3年生ぐらいまではだいたい順調でした。大学4年のとき、地元の大きい展覧会で、一番の賞を獲れて嬉しかった。でもその後、大学で仲良くしていた子たちのグループが、陰で私のことをあだ名で呼ぶようになったんです。
岩波　あなたがトップの賞を獲った嫉妬からなのかな。
鈴木　私が制作してるときは、「よくがんばってるね」って感じだったんですけど。賞を獲ってから急にそうなりました。
岩波　そういうことは起こるかもしれないですね。賞を獲った後も、何人か仲の良いお友達はいたんですか？
鈴木　大学にはいなくなってしまって。
岩波　4年生では孤立した感じで、つらかったんですね。
鈴木　はい。
岩波　2年ぐらい前から精神的に不調になって、病院を受診してますよね。それは何がきっかけだったんでしょうか。
鈴木　美術の課題です。みんなが授業内で終わらせるのに、私は課題が出たらそれしか考えられなくなる。根を詰めすぎる状態になってしまって、講評前になると不安で不安でしょうがなかったです。

特に進級がかかっているわけでもない課題で、ここまで追い詰められる自分はおかしいんじゃないか、と思って受診しました。興奮・不安障害と診断されました。

岩波　Cメンタルクリニックでしたね。2018年に、大学院に進学ということで上京されました。東京へ来ようと思ったきっかけは？

鈴木　最初は美術界の人間関係にうんざりしていたので、大学院は受けないつもりでいたんですけど、学校に呼び出されて。

岩波　相当期待を寄せられたんですね。東京に出てくることに躊躇はなかったの？

鈴木　躊躇はあったんですけど、地元にあまりいい思い出がなかったので。

岩波　こっちへ来てしばらくして不調になったのでしょうか。大学に行けなくなったんですよね。どうしてなんだろう？

鈴木　外部からの入学者への洗礼が。

岩波　意地悪をされた？

鈴木　そうですね。入学直後のパーティーで。私はD先生のクラスに所属していて、他のクラスの講師の方に挨拶に行ったら「Dクラスは絵で選ばないから」とか言われて。

岩波　最初から嫌味を言われたんだ。

鈴木　「キレイどころしか入れないよね」みたいな。
岩波　美術大学ってもうちょっとフランクな所だと思ってたんだけど（笑）。
鈴木　私もそう思ってたんですけど、身内意識がすごかったです。もうひとり、外部から来た人もいたんですけど、その人も同じような扱いをされたそうです。
岩波　D先生はしっかりサポートしてくれたんですか？
鈴木　D先生は別に塾を持っていて、塾の生徒さんと私は知り合いだったんですけど、けっこう私の作品の悪いところを言ってたみたいで。知り合いがそのまま伝えてきて、そういうのが春夏に続いて。
岩波　間接的に悪口を言われちゃったわけね。F心療内科に行く前は、どこに行ってたの？
鈴木　一番近い、Eクリニックに行ってました。そこはあまり良くなかったです。
岩波　10月にF心療内科に移ったんだね。その後、烏山病院に通院して、改善したのかな。
鈴木　かなり改善しました。ADHDの薬を使用できなかったら、かなり卒業は厳しかったんじゃないかと言われました。

◆絵に夢中で8キロ減！

岩波　東京ではアルバイトしてないんですね？　地元ではどうでしたか？

鈴木　一回、ホテルの朝食バイトをしました。最初はつらかったですけど。

岩波　アルバイトでは人間関係に苦労しなかった？

鈴木　ターミナル駅の隣で、忙しすぎました。人間関係をつくる以前に、話す暇がなかった。

岩波　こちらへ来て1年ちょっとで、ADHDの薬を使って、ときどきは不安も強くなったけど、だんだんやる気が出てきた感じでしたね。絵もしっかり描けるようになって、表彰されたんでしたね。

これで、2回目ですね。

鈴木　賞をいただけるとは思ってなくて。

岩波　（絵を見る）この作品は、完全にプロですね。

学費の話が出たけど、東京での生活にけっこう費用がかかったと思いますが、おうちの人が出してくれたの？

鈴木　はい。あとは私のバイト代で。

岩波　今後の生活費は？

鈴木　夏まではサポートしてくれるって。

岩波　これだけの能力があるのに、もったいない気がしますね。それを活かさないと。

鈴木　大学院に入ってからあまり褒《ほ》められなかったんですけど、最後の講評とか、怖いぐらいみんな褒めてて。

岩波　実際うまいですから（笑）。でも、描くときも過剰集中しちゃうんだね。

鈴木　自分の中で完全に絵を一番に置かないと、生活ができなくて。

岩波　飲まず食わずになっちゃうのですか？

鈴木　**8キロぐらい体重が落ちちゃって……。**

岩波　描くことに熱中して、他のことは全然できない？

鈴木　水を飲むのもわずらわしい。トイレにも行かなきゃいけなくなるし。

岩波　飲まず食わず寝ず、ずーっと倒れるまで描き続けてしまうのかな。

鈴木　**どんどん体が弱っていく。糖分とか炭水化物を摂らないから、手も震えちゃって、うまく動かなくなります。**

岩波　有名な学者の**野口英世**が、そういうふうに実験していたそうです。アメリカのロックフェラー財団の研究員だったんだけど、細菌や感染症の研究を、助手もつけずにひとりでやっていた。助手を信用してなかったんですね。

　過去の実験も全部自分でやり直すんです。加えて、自分の実験もやる。それで1週間服も着替えない、風呂にも入らないという状態だったそうです。

鈴木　大学2年生のときはそういう感じでした。

岩波　野口さんは「人間発動機（ヒューマンダイナモ）」と呼ばれていたそうです。寝間着を持っていなかったという話が伝わっています。仕事場にソファがあって、動けなくなるとそこに横たわる。起きたらまた実験。ちょっと異常な人だった、だからこそああいう業績を残せたのかもしれません。

そういう生活がいいとは言わないけれど、鈴木さんもかなり似てるところがありますね。**芸術家や科学者は、ADHDの特性がプラスに転じることがあります。**あなたにとっても、今のところプラスになっていると思います。体を壊すかもしれないけれど（笑）。

鈴木　飲み会に行くにも、絵の具のついた服しかなくて。

◆発達障害を認めない医者と親

岩波　昭和大学には、自分の希望で来たの？

鈴木　私の希望です。

岩波　前の先生はどちらかというと、うつ状態、不安症として治療していたようですが、そうじゃないと思ったのですか？

鈴木　自分を追い込んでいるとき、強迫観念が異常だなと思っていたんです。

岩波　そのへんで発達障害、ＡＤＨＤなんじゃないかと考えたのですね。どこからその情報を得たんですか？

鈴木　地元の病院で、ペーパーテストみたいなのをいろいろしたら、強い強迫観念があるのと、重度のうつと言われました。それでしばらく薬とカウンセリングで治療を受けていたんですけど、一向に良くならなかった。

発達障害、ＡＤＨＤじゃないかと思ったのは、小学校からおかしな行動があったのと、**どこに行ってもしばらくすると変人扱いされるから。自分はどこかおかしいんだろう、うつとかじゃなくて、根本的な問題がきっとあるんだろうなと思ったんです。**

岩波　自分で考えて来たんですね。実は、そういう人が多いです。

むしろ医者のほうが、ちゃんと判断できていないことがあります。いろんな病院を回って、正しくない診断をされて苦しんで、自分で答えを導き出して、発達障害を扱う医師に自らたどり着く、というケースが多いんです。

鈴木　Ｃメンタルクリニックで「ＡＤＨＤじゃないか」って相談をしたんですけど。

岩波　なんて言われました？

鈴木　「なんでもかんでもＡＤＨＤだよね」って。

岩波　やっぱり、医者よりもご自身のほうが、わかっているのですね（笑）。

鈴木　病院に行くときは、真剣に解決したいからしっかり話せていると思うんですけど、先生は「え、ADHD?」って。「自分でそう言う人多いんだよな」みたいな疑いの目で見られてしまう。「最近ネットで診断できるのと、普通の人も当てはまることがあるので、勘違いしてるんじゃないの?」みたいな。
岩波　それは、困りますよね。身内にADHDの人がいた経験はありますか?
鈴木　私の知る限りではいないです。
岩波　鈴木さんは、完璧ではないにしても、今はある程度ご自分の特性をわかって生活している。あなたと似たような経過をたどっている女性たちに、メッセージやアドバイスはありますか。
鈴木　自分が発達障害かもと思ったら、ただ近いからと近所の病院で診断を受けるんじゃなくて、**しっかり有名な専門の病院で診断を受けてほしい。**私はいくつも回ったけど、一番しっかり診断されて、一番合った薬を処方されたのが岩波先生の所だったので。
岩波　こうして過去を振り返っていただくと、いいこともあったけど、まわりの人とのコミュニケーションに苦労されていたこともわかります。

今、学校や周囲の人たちに伝えたいこと、こうしてほしいということはありますか?　それから親の反応はどうですか?

鈴木　親の反応は良くないですね。私がそういう障害だと認めるのがイヤなようで。「薬漬け」と言われたり、薬を飲んでいると「早くそれ、やめられるといいね」と言われたり。**何回も説明したんですけど、はなから理解する気がなくて。**

岩波　そういうパターンの人はいますよね。

鈴木　諦めてはいるんですけどね。ＡＤＨＤについてもっと詳しく知ってくれたら、ありがたいと思います。

岩波　ご自身の今後なんですが、才能もあるし、合っている仕事もあると思うんだけど、どう考えていますか。

鈴木　絵は一生続けていきたくて。明日、絵画講師の面接なんです。

岩波　もし採用されたとして、その仕事で生活費はなんとかなりそうなの？

鈴木　たぶんならないので、もうひとつアルバイトとかをして好きな時間に制作活動をと。

岩波　私の経験ですが、**イラストとか絵が描ける人を採用してる会社は、けっこう多い**と思います。スケジュールびっしりで忙しいらしいけど。そういう仕事は希望しますか？

鈴木　そっちの仕事も探していて。

岩波　ＰＣを使った仕事は得意ですか？

鈴木　周囲にＰＣで絵を描いてる人はいます。

岩波　フォトショップを使っている人は多いようです。鈴木さんはできますか？

鈴木　できますね。

岩波　だったらそういう道も十分ありますね。ぜひこの才能を活かしてほしいんだけど、どこに行ってもやりすぎちゃうのが心配です（笑）。

鈴木　習性なんですよね。死ぬほどがんばってしまう。

岩波　絵やイラストを描くうえでは当然なんですけどね、体力がないともたないと思います。こっちへ来て2年で、大学関係で知り合いはできましたか？

鈴木　増えてきました。

岩波　最初の頃はつらかったようですけど、今はそうでもない？

鈴木　今は受け入れられている感じはします。

岩波　あなたが言いすぎちゃう、余計なことまで言っちゃうようなことはありませんか？

鈴木　継母がずっとチクチク言ってくるタイプで逆らえなかったんですけど。私は爆発すると本当に言われちゃイヤなことを言ってしまうみたいで。

岩波　一般的には、ＡＤＨＤの特性のある方は、うまく抑制できない人が多いですね。あるいは、人の話を聞かないでどんどん言っちゃう。相手が何か言うと、ワーッと反応して一方的に話してしまう傾向があります。そういうことはありませんか？

鈴木　ケンカしたときはやっちゃいます。

岩波　ケンカだったら、かまわないでしょう（笑）。普通の場合もそうだとうまくいかないよね。でも絵の先生だったら、問題ないかもしれない。

発達障害について、世間に誤解があると感じる点はありますか。

鈴木　**ADHDって面倒くさがりの延長みたいに捉えられることがあって。家族にも最初は誤解されていて、人にはあまり言えないなと思ってました。**

岩波　最近は自分からカミングアウトする人もいます。『ちびまる子ちゃん』の**さくらももこさん、水木しげる**さんの記録を見ると、ふたりとも確実にADHDです。あなたと同じで、絵を描くことに過剰集中。そういう意味では、彼らは漫画家が天職だったんでしょう。

自分と同じ、発達障害の女性に伝えたいことはありませんか。

鈴木　**良い病院と、ちゃんと診断してくださる先生を早く見つけてほしい。**烏山病院（昭和大学附属烏山病院）は1回目の予約を取るのが、すごく難しかったです。どうしても他の、予約を取れる所へ行ってしまってました。

岩波　医療の現場にも、正しい診断ができる体制の整備が急務ですね。

ありがとうございました。

鈴木　ありがとうございました。これからもよろしくお願いします。

続いて、ふたりのお子さんを育てた母であり、公務員として働いている女性にお話をうかがいましょう。

坂上淳子さん（仮名）……………50代、公務員

群馬県にて生育。小学校時代から、忘れ物、ケアレスミスが多い「あわてんぼさん」。生意気と思われたり、相手を傷つけることをつい言ってしまう傾向があった。専門学校、通信制の大学を卒業し、銀行に勤務。仕事ではケアレスミスを多発。24歳で結婚、子どもがふたりいる。２０１３年より精神科クリニックを受診。現在は離婚し上京して単身生活中。障害者雇用により官庁に勤務している。

◆モノも用事もまるごと忘れる

岩波　小学1年のとき、通知表に担任の言葉として、**「落ち着いて先生の話をよく聞きましょう。あわてんぼさん。忘れ物が多い」**と書いてあったそうですね。

坂上　丸ごと忘れるんです。筆箱の中身が入ってないとか。「あわてんぼ」というのは、先生の話を最後まで聞いてないから。思い込みでパーッとやっちゃう。その思い込みも十中八九、当たっているんですけど、残りの一か二を失敗するという。

岩波　派手な失敗というと、何が思い当たりますか。

坂上　中学1年のときにキャンプがあって、私は班長になりました。でも、集合をかけら

れている時間に、私だけ行かない。友達が探しに来ても、**なぜ探しに来たのかもわからない。**

岩波　集合時間を忘れたんですか？

坂上　班長会議は何時からって決まっているんですけど、根本から忘れてましたね。

岩波　それはキャンプに熱中して、楽しくなってしまったからでしょうか？

坂上　思い出せるのはテントの中で一所懸命、靴ひもを結んでいたこと（笑）。友達が私を呼んでるんだけど、返事をしない。後でノコノコ出て行って怒られました。

岩波　キャンプでは他にも失敗がありましたか？

坂上　「テントに班員を誘導しなさい」と言われて動いたんですが、指示に続きがあったんです。「まず1班から」。最後まで聞かずに移動して叱られた。キャンプはいい思い出が全然ないです。

岩波　今でも、時間を忘れてしまうことがありますか？

坂上　あります。集中しすぎると、あ、って。前の職場では、気がつけば夜8時だわってことがありました。倉庫に入ると時計がないから、作業が進みだして気持ち良くなると、人が探しに来るんです。「帰らないの？」って。

岩波　そういう過剰集中の特徴は、小学校の頃もありましたか。勉強でも、生活面でも、趣味でも。

坂上　**好きなことに対しては、苦になりませんでした。**

計画を立てるのが好きなんです。卒業生を送る会とかイベントの計画とか、しおりを好きに作っていいよと任されると、「あれもしたい！　これもしたい！」となる。

岩波　がんばってやりすぎちゃう、ということですね。

坂上　高校受験もそうでした。目標の学校があったんです。合格判定のテストで、A判定が出るまではすごく勉強しました。でも出た後は、もういいやと。もっと上を目指そうとはならないんですね。先生には「今、一番集中力がないのはお前だ」と注意されました。授業中ボーッとしてたんだと思います。

岩波　授業中は、先生の話を聞いているよりも、よく空想されていたそうですね。

坂上　図書クラブがあって、週1回、絵本を作ろうという活動だったんです。その物語を授業中に延々と考えてしまう。**私が何をしているか、先生にはわからない、ボーッとしてるだけのように見える。**

◆「淳子だけ、言うこと違うよね」

岩波　学校の友達とはうまくやれていたんですか？

坂上　中学校でわりとうまくいったのは、教員にたまたま母の友達がいたから。かわいがってもらったんです。私、マラソン大会で3年間1位だったんです。合唱部とかブラスバンド部だったのに。ちょっと変な目立ち方をしてました。

岩波　先輩から「生意気だ」と呼び出されたことがあると聞きました。

坂上　1年生のときに。でも何が生意気なのかわからなかったです。ソフトボール部の部室に呼ばれて行ったら、1コ上の先輩が何人かいたりとか。

　でも、「挨拶が悪い」とか言われても……。

岩波　先輩に対して何かもの申したりしたわけでもないのに？

坂上　たぶんなれなれしかったんだと思います。敬語の使い方がなってないとか。

岩波　でも、一般的には、それほど上の学年と交流がないのが普通でしょう、部活で一緒じゃない限り。どこでそんなに目を付けられちゃったのかな。

坂上　まあ目を付けられたのは私だけじゃなくて。校内暴力の時代だったし、ひどいとクラスに押しかけてきたり、そういう中学だったんです。

岩波　クラスではどうでした？

坂上　一生つきあえるような、今でもつきあっている友達に会えました。

岩波　クラスでは「目立ちすぎよ」とか言われなかった？

坂上　なかったです。

ただ、**「ちょっと変わってるけど、いい子よ」**とは、よく言われました。ちょっと変わってるって何だろうっていつも思うんだけど、説明してくれない。

岩波　自分では変わっていると思わない？

坂上　**まわりと共感できない部分は、わりとありました。**それを口に出してしまっていたのか、態度に出ていたのか。

でも、まわりと同じにすればいいとも思えなかったんです。

高校のときだったかな。友達のお父さんが亡くなって、お通夜に行きました。みんなは「大変だったね」。私は「落ち着いたら、ごはん行こうね」。**「やっぱり淳子だけ、言うこと違うよね」**と言われました。

◆遅刻が恐怖で、3年間無遅刻無欠席

岩波　専門学校を卒業されていますね。

坂上　高校を卒業して2年、専門学校に。豊かな家庭ではなかったので、とにかく早くお金を稼ぎたかったんです、

短大卒の資格を取るためにダブルスクールをしてましたから、忙しかったです。本屋で

アルバイトもしていて、スケジュール帳にちょっとでも隙間があったら無理やり突っ込む癖が……。

岩波　時間配分ができてない（笑）。

坂上　授業時間がバラバラだったので、本屋のバイトは「入れる時間でどうぞ」と言ってもらっていたんです。融通のきく職場でした。

岩波　めちゃくちゃ活動的で、寝不足になりそうですけど、遅刻はしなかったですか？

坂上　遅刻は本当に怖かったので、ものすごく注意してました。高校時代は皆勤賞もらってます、3年間無遅刻無欠席。

岩波　**ADHDのある人は、その反対の方も多いんです。高校ぐらいから起きられなくなって不登校、みたいなことがよくあります。**

坂上　あのキャンプで遅刻の恐ろしさが刷り込まれたせいです。遅刻はそれ以来ないです。遅れるときは前もって「遅れます」と言う。**プライベートでは、時間というか約束を丸ごと忘れたりしてますけど。**

岩波　手帳に予定を書いてあっても？

坂上　手帳を書き出したのは、ここ3年ぐらいです。

それまで手帳もまったく続きませんでした。カレンダーに書いてもスッポリ忘れてしまう。

人に指摘されても、「何のこと？」から始まる。

前の仕事ではこれが致命傷だったんです。

それから、**指示などを言われたその場で理解できることは少ないです。**

朝礼で指示をワーッと言われても頭に入らないので、ひたすらメモを取ります。しばらくしてからようやく、「あ、こういうことか」と腑に落ちるんです。

岩波　専門学校の忙しい時期に、物をなくすことはなかったですか？

坂上　よくありました。**手袋をどれだけ置き忘れたことか。**ちょっといいのを買って、絶対なくさないようにしようって思うのに、ポロッとなくす。

岩波　高価なものは買わないほうがいいですね。

坂上　ただ、人から頂いたものはなくさないんです。20歳の誕生日にもらった傘は、それから20年以上、現役です。友達がくれたシャープペンも15〜16年、壊れるまで使いました。でも自分で買った手袋はすぐなくしちゃう。財布も2回落としてるし、ケータイは置き忘れます。

ほんの30分前の記憶がないんですね。さりげなく置いた物を忘れるんだよな、と自覚しているのに、どうやったら忘れないか対策するまでに時間がかかりました。

定期券をどうしたら忘れずにすむか。**冬場はコートのポケットに入れっぱなしだからい**

いんですけど、夏場はどこにやったか忘れて困る。バッグが替わるたびに紛失します。

岩波　バッグを替えてはいけないですね（笑）。

坂上　ポイントカードも、どこ行ったかわからないから、あっても無駄。スマホに集約できるようになったから、今はいいですけど。

岩波　そのスマホも気をつけないとね。

坂上　すごく怖いのは身分証、お財布、携帯電話、定期券。この4点セットがあれば生きて帰ってこられるんですが、まあなくすし落とします。

◆上司の「マイルール」が一番キツい

岩波　お仕事の話をうかがいます。以前は金融関係にお勤めでしたね。

坂上　2年毎に異動していて、10以上の部署を経験しました。新しい部署へ行くたびに、新しく仕事を覚えなければいけない。

「マイルール」がある人が、一番きつかったです。休職した理由もそれです。

子どもが浪人して大学受験の一番大変なときに異動になったんですが、上司がマイルールの多い女性で、ヒステリック。夫は子どものことで協力してくれないし、一日じゅう気が休まりませんでした。息子に「命削りながら仕事してるよ。俺が大学行ったら、仕事辞めて」って言われました。

岩波　それまで似たようなことはなかったですか？

坂上　多々ありました。数字の読み違いに、数字の入力ミス、数字の聞き間違い。明日しなきゃいけない用事を丸ごと忘れる。

とにかくミスが多くて、ものすごく自己肯定感が低かったです。自分は迷惑かけるばかりだと。それでまたミスをする。悪循環です。

岩波　サポートしてくれる上司もいた？

坂上　入社当初は。でもだんだん部署でこなすべき業務が増えて、最後は完全にキャパオーバー。自分の工夫なり努力なりでは、どうしようもなくなってしまいました。

岩波　どんなお仕事が多かったんですか。

坂上　一番多いのはＰＣを使った精査作業、確認作業です。数字の間違いを見つけるだとか。じっくり確認したいのに、すぐやれと急かされて、焦ってしまうんです。他にもやらなきゃいけないことは山積みだし、時間は迫ってくるし。マイルールの多い上司は「後でいいよ」と言ったのに「まだなの？」って催促してくる。

岩波　言ってることとやってることが違うということですね。

坂上　そうです。だから今の職場では「何月何日までって締切を言ってください」、「ふたつ以上仕事を与えるときは、優先順位をつけてください」とお願いをしてます。

◆「気持ちわりい」と言った夫

岩波　ご結婚されたのは？

坂上　就職して4年目です。

岩波　お子さんを出産して、家事、育児、仕事をすべてこなさなくてはいけなくなった。

坂上　ずっと時間に追われてました。朝、私が一番最初に起きて、子どもの弁当を作る。「行ってきます」と出勤する頃に、娘が起きてくる。

岩波　お子さんが小さい頃は、ご主人も手伝ってくれた？

坂上　手伝ってくれていたほうだと思います。ただ彼もマイルールが多すぎて。例えば、彼のダンドリには私が食事をする時間が入ってないんです。自分は外で済ませてきて、私はこれからなのに、「あれとこれをやっといて」と。

岩波　ご主人も、やろうと思えばできることなわけですね？　ご主人に言いましたか？

坂上　言いました。でも「そうだったたっけ」みたいな感じで。

岩波　**家事は女性がやるべきもの、っていう考えが強いわけですね。**

育児・家事でめいっぱいのとき、パートや、もう少し楽な仕事に転職するチャンスはなかったのでしょうか？

坂上　ありました。でも50歳まで正社員として働けば子どもの学費にめどがつく。学費のために働いてるんだと思っていました。夫は「俺のほうが給料多い」と威張ってましたけど、散財する人だったんです。

岩波　ご主人もきちんとお仕事されてるわけだし、奥さんがそんなにがんばらなくても良さそうなんですけど。

坂上　私が「ＡＤＨＤなのよ」って言ったら**「気持ちわりい」**、「なんか変だと思ってた」って言われました。

友達とお酒を飲んだとき「それ何の薬？」って聞かれて、一度は「持病」って濁したんですけど、もう一度聞かれて「ストラテラ」と答えました。（注：ストラテラはＡＤＨＤの治療薬で、一般名はアトモキセチン）。「つらかったね」と言ってくれた。

岩波　その人はお薬のこと、知ってたんですね。理解のある人だった。

坂上　お子さんが発達障害、ＡＤＨＤだそうです。ストラテラと聞いて、私のバックグラウンドを理解してくれた。

その友達が夫に「こういうことや、ああいうことはしないでください」って進言してくれたんです。でも夫は変わる気配がなかった。「治せ」と言うんです、発達障害を。

岩波　はなから理解してないですね。

坂上　それで、もうダメだなと思って離婚しました。

◆「気のせいでは？」で医者に不信感

岩波　最初にクリニックにかかったのは、２０１３年ですね。

坂上　脳がおかしいんだと思ってました。仕事を存在ごと忘れる、というミスをして。

岩波　でも、異常なしと言われた。

坂上　こういう症状があるんです、とわかりやすくノートに書いて見せたんですが、「気のせいじゃない？」、「誰にでもあることじゃない？」と言われて。地元のＡクリニックです。

岩波　発達障害のことは、知らなかったんでしょうか。

坂上　どちらかというと、うつ専門の先生でした。極めつけは**「そういう本を読んでるから、そう思うんじゃない？」**と。確かに、発達障害関係の本を図書館でいろいろ読んでいました。チェックリストを試してみて、「私はパニック障害ではないな」とかアタリをつけたりして。

岩波　ネットで読んだだけで、「私、発達障害なんです」と診察に来る方はいます。患者さんの見立てが正しいことも、そうでないこともありますが、その先生の知識不足は否めないですね。

次に行ったBクリニックは、どうでしょうか?

坂上「グレーですね」と。「グレーってことは発達障害じゃないんですね?」と聞いたら、「いやあ」→「じゃあ発達障害なんですか?」→「いやあ」。のらりくらりの返答ばかりで、らちが明かない。

最後に先生が、「僕は大人の発達障害を診たことがない」。それなら先に言ってよ!! 医者に対して、不信感が増幅しました。

岩波 いまだにそういう先生は多いんです。**グレーという言い方は、「逃げ」ですね。**

坂上 その先生が今、「発達障害について語る」なんて講演会をやってます。

岩波 私の東大の先輩にあたる先生にも、同じようなことがあります。「この人は発達障害と言っているけど、回避性パーソナリティ障害じゃないですか」、「この人は気分変調症だと思いますけど、一応発達障害の確認をしてください」というような紹介状を書いてくるんです。

でも、なぜ自分で診断できないのか。確かに、僕らの世代は発達障害を診た経験がない医者が多いけど、そんなに難しい診断ではありません。むしろ患者さんのほうがわかっていることが多いです。

次に診察を受けたC先生はどうでしたか。

坂上　不信感が増幅していたので、医者にかかってもしょうがないと考えていました。岩波先生を前にして失礼ながら。

一番私が困っていたのは仕事上のミス。だから職場の産業医に相談できる機会を待ったんです。そしたら会社のメンタルヘルスチェックで見事に引っかかった。

でも出てきたのはふつうの内科医。なので、「私がどんなミスをして困っているかを会社から教えてもらって、どこかの病院に紹介状を書いてください」とお願いをしました。「ストラテラを飲みたいという希望があります」とも伝えました。

岩波　その産業医からC先生を紹介されたんですね。

坂上　医者に対する不信感が絶頂期だったので、すぐには行けなかったんですが。でも行ったら「かなり（症状が）強いよね」と言われました。「次はいつ来れる?」↓「明日でも」↓「じゃあ3日後に」。それで3日間分の薬を処方してもらいました。

岩波　最初は何をどのくらい飲みました?

坂上　ストラテラを40㎎です。40㎎を1錠。飲んだ翌日に、「なんてすばらしいんだ!」と思いました。

パソコンのデスクトップにあるショートカットのアイコンが、ピンポイントで見えたんです。普段は、クリックしたいアイコンをすぐは見つけられないんですよ。パッと見つかって、「うわあすごい！」と。

寝覚めも違いました。回転レシーブするような勢いでシャキッと起きられました。

岩波　睡眠のリズムがずいぶん良くなったのですね。

坂上　途中で目が覚めることはあっても、気分が一日じゅう、すばらしく良かった。頭の中のモヤが消えました。目がグルグル回っている感じ、焦点が合わない感じがなくなった。

岩波　その3日間は、お仕事もしていたんですね。仕事の能率も上がった？

坂上　はい。ヒステリックな上司と会話ができました。普段は上司が何言ってるかわかんないから黙っちゃうんですけど、言葉のラリーができました。「この人と初めて会話できた！」って。相手もびっくりしてたかも。

岩波　坂上さんの地元のD大学には自閉症の専門家がいたりしますけど、そこに行ってみようとは思わなかったんですか？

坂上　思ったんですけど、予約待ちが長すぎて。9カ月待ちって平気で言われたので。もっと近くにあるE大学は、子ども専門でした。

岩波　今は大人もけっこう受け入れてくれるみたいです。

坂上　デイケアも子ども専門だったりして。私は自助会を探して、数回参加させてもらいました。ＡＤＨＤの人に何人か出会えたのは良かったです。

ただ、いろんなタイプの方が集まるので、ＡＤＨＤとソリの合わない障害の人とはトラブルが起こりやすかった。

岩波　自助会の問題のひとつは、発達障害だけではなく、パーソナリティ障害の人とか、統合失調症の人も参加していることなんです。

坂上　ＡＤＨＤの人にピンポイントで会える場は少ないですね。

◆障害者雇用で働くことで自分を肯定できた

坂上　とにかく大変でした、岩波先生にたどり着くまで……。

岩波　我々医者はもっと心して取り組まないといけません。地元には発達障害を診る医者がいないからと、遠くからいらっしゃる方もいるのだから。

坂上　自分が東京へ行ったほうが早いと思いました。

岩波　その行動力がすごいと思います。ＡＤＨＤのグループ療法にも参加していただいて。その間に就職活動も行っていた。

坂上　離婚と前の仕事を辞めるのが、ほぼ同時でした。障害を隠して仕事するのはもう無理だと思っていて、地元で国家公務員の障害者採用試験にチャレンジしたんです。でも落ちてしまって。地元企業には障害者雇用がほとんどないし、それなら東京に出ようと。

岩波　それまで、東京にほとんど縁がなかったのに。

坂上　前の会社を辞めれば退職金が入るから、2年かけて障害者採用試験に合格するなり、就職するなりしようと思ったんです。

岩波　今、発達障害で困っている女性の方が、日本に数百万人いると言われています。ご自分の経験から、何かメッセージがあれば、お話しください。

坂上　「自分は間違いなくADHD」と思ったのは、岩波先生の『発達障害』（文春新書）を読んだからです。証券会社に勤めている女性のエピソードがあり、私とほぼ同じ人生を歩んでいると気づいたんです。自分だけじゃないんだ、と。

みんな、自己肯定感がなくなってるんです。それをなんとか良いほうに持っていきたい。もしかしたら、ADHDの人どうしの互助で引き上げられるんじゃないか、と思っています。私は昭和大学のデイケアでいろんな人と出会いましたけど、お互いを肯定し合うこと、経験を共有することで「自分だけじゃないんだ」という安心感を得られました。

発達障害で困っている女性には、ぜひ同じことを経験してほしいです。まだそういう場所が少ないことが、残念ですね。

岩波　社会や行政に向けて要望はありますか。

坂上　発達障害にはいろんなパターンがあると理解されていない。発達障害という言葉は、だいぶ普及しましたが、精神的に問題のある人が事件を起こすと、なぜか「発達障害の人」と見られてしまいます。

だから行政には専門家を置いてほしいです。公務員はすぐに部署を異動しちゃうじゃないですか。それでは理解が深まらない。私が少しずつ経験を積んでいったように、役所の窓口の人も、経験を積んで次のステップにつなげてもらえたらと。

岩波　発達障害が知られるようになってからかなりの月日がたっているわりに、なかなか理解が得られませんね。

坂上　発達障害はものすごく広い概念なんだということが、お医者さんにも伝わらないことがもどかしい。例えば「何に困ってるの？」という問いかけ、具体的なキーワードを引き出すプログラムがあったらいいと思います。

私の場合は、人の名前を覚えられません。覚えられるのは漢字一文字まで。「村」は覚えられても、村山さんなのか、村上さんなのか、わからない。**どんなに仲が良くても、離れちゃったらもう名前を忘れる。**友達には本当に悪いなと思って謝りました。ずっと一緒にいても漢字一文字までなんですよね。

そういう細かい、具体的な困りごとについて聞いてほしいです。

岩波　アスペルガー症候群の人は、相手の顔を覚えないんです。3年間ずっと一緒のクラスにいたのに、卒業する頃に「あんた誰？」みたいなこともあり得ます。

坂上　最近思うんです。初めての医者からここへたどり着くまで苦しみましたけど、何ひとつ無駄になってないということ。

だから今、自己肯定感がなくて苦しんでいる人には、「いつかいいことがある」と言いたいです。少なくとも親が望んだからこそ生まれてきたんだし、かわいがって育てられて、大きくしてもらった。そう気づくときが来ると思います。

岩波　坂上さんがそう思えるようになったきっかけは、就職ですか？

坂上　今の職場になってから、前向きに働こうと思うようになりました。第一の人生が独身時代、第二の人生が結婚時代なら、離婚して新しい職場に来た今は、第三の人生です。

こんなに自分を肯定できるようになったきっかけのひとつは、今の職場で、障害者だけが集まっている分室で働いた経験だと思います。自分と似たような境遇の人たちと関わったら、「そう自分を嫌いにならなくてもいい、できることあるし」と思えました。

私は、大学を行くのを諦めていません。これまでずーっと言い訳してきたんです。結婚したから自由な時間がないとか、子どもがいるからとか。
でも「いつかしよう」のいつかは絶対来ない。いま決意しようって思いました。娘には「私、大学行くのを諦めてない、あなたと一緒に卒業する」って言ってます（笑）。短大卒の資格は持っているので編入学できるんですね。就職のための大学ではないから、好きなことをライフワークとして勉強してみたい。

岩波　勉強したいテーマがあるんですか？

坂上　歴史が大好きだったので史学をと思っていたんですが、心理学の勉強もできたらいなって。いきなりたくさんは無理でも、通信大学の1コマからでも始めるつもりです。

岩波　発明王と言われるエジソンと同じですね。ADHDと言われています。火災に遭って自分の研究スタジオを全部失ったんですけど、次の研究は何をしようかと次々にアイディアがわいてきたそうです。スタジオが燃えている最中にも「これは何かの資料になるかもしれないから」と記録したり、観察したりしていました。

坂上　そうですね、この経験を無駄にしちゃダメだと思ってます。

岩波　活動的ですばらしいですね。ただ、やりすぎて心身に無理をしないように気をつけて、これからもがんばってください。

坂上　ありがとうございます。

3章

ADHDとASD……
女子はなぜ見逃されやすいのか？

そもそも発達障害って？

◆よくある重大な間違い

「発達障害」という個別の疾患がある、と考えている人が多いようです。それはよくある間違いですが、重大な間違いです。

生まれながらにして脳機能になんらかの偏《かたよ》りがあり、その偏りによって生活上さまざまな問題が生じること、とりわけ大人になってからは仕事上の問題が生じること、これが発達障害の定義です。つまり、「発達障害」とは総称であり、「発達障害」に含まれる状態には、さまざまなものがあります。

ここでおさえておきたいのは、「発達障害は生まれつきのものである」という点です。**思春期、あるいは大人になってから、発達障害が生じるということはありません。**

近年、「大人の発達障害」が注目されていますが、大人になってから発達障害になることはないのです。子どもの頃には目立たなかった症状が、大人になってストレスの強い状態に置かれたことで「顕在化する」。それが大人の発達障害です。

また、生まれつきのものですから、**発達障害を「治す」という表現も適切ではありません。**発達障害の特性を理解して、日常生活における問題が「表面に出ない」ようにすることが、発達障害における「治療」にあたります。発達障害の特徴はその人の個性でもあり、それによるトラブルを減らすことはできても、症状そのものをなくすことはできません。

発達障害には多くの種類がありますが、具体的には、**注意欠如多動性障害（ADHD）**、アスペルガー症候群などが含まれる**自閉症スペクトラム障害（ASD）**、**限局性学習障害（LD）**が主要なものとなります。

このうち症例が多いのは、ADHDとASDです。この2つの疾患は、代表的な発達障害です（巻末に「セルフチェック（自己診断リスト）」を紹介していますのでご活用ください）。

さまざまな研究がありますが、成人では、**ADHDは人口の5%前後、ASDは人口の1%前後だと言われています。**ADHDについては3～6%、ASDについては0・5～1・5%というデータもありますが、いずれにしても、これはたいへん大きな数字です。ADHDについては、仮に3%としても、日本においては400万人あまりのADHDの人がいることを示しています。

また一般には、発達障害というとASDに含まれている「アスペルガー症候群」がよく連想されるようですが、実際には**ＡＤＨＤが5倍あまりも多い**ことを知っておく必要があります。

ＡＤＨＤには大きく分けて、「多動・衝動性」と「不注意」の症状があります。具体的には、多動・衝動性については、「**落ち着きがない、待てない、一方的に早口で話す**」など、不注意については、「**忘れ物が多い、指示を忘れる、集中力に欠ける**」などの症状が見られます。また上記の症状による結果として、「**人間関係が長続きしない**」こともしばしば見られます。

一方、ＡＳＤの症状は「コミュニケーション、対人関係の持続的な障害」と「限定された反復的な行動、興味、活動」です。前者としては、「**人の気持ちがわからない、場の空気が読めない、いつも孤立している**」、後者はいわゆる「こだわり」の症状で、「**特定のことに興味が偏る、自分なりのルールがある**」などが特徴としてあげられます。

ちなみに、今回２章で対談していただいた鈴木さんと坂上さんは、ＡＤＨＤを中心的な特徴として持っています。１章の沖田《おきた》×華《ばっか》さんは、ＡＤＨＤとＡＳＤの「重複型」です。ＡＤＨＤによる不注意の症状がひんぱんに見られることに加えて、「青い服ばかり着る」、「子どもの頃、下校時に空き缶があったら3回蹴飛ばさないと気が済まなかった」といった、ＡＳＤ特有のこだわりが顕著に見られました。

◆発達障害（ADHD、ASD）の特性

ADHD（注意欠如多動性障害）

◆総人口の約５％
◆薬物療法と認知行動療法が行われている

おもな特性

「多動・衝動性」

・落ち着きがない、そわそわする
・一方的に早口で話す　・不用意な発言（ひとこと多い）
・感情が高ぶりやすく、イライラしやすい
・一般的に人当たりは良くフレンドリーだが、人間関係が長続きしない
・衝動買いしやすい。お金の管理が苦手

「不注意」

・短期記憶（数秒間）が苦手
・集中力に欠ける（興味があることには「過剰集中」する）
・遅刻が多い。締切ギリギリまで手をつけない
・片づけられない

モーツァルト／野口英世／南方熊楠…

・ケアレスミス・忘れ物が多い
・マルチタスクが苦手
・段取りが苦手
・人間関係にトラブルを抱えやすい
・話し始めると止まらない
・なれなれしい

両者に共通の症状
見かけは似ていても
原因・背景は異なる

◆総人口の（多くて）１％。男性が多い
◆従来「アスペルガー症候群」といわれた症状を含む
◆有効な治療薬がない

おもな特性

・コミュニケーションが苦手
・空気を読めない
・言葉通りに受け取る（比喩、冗談、皮肉などを理解できない）
・人の顔を覚えない
・予定外のことが苦手
・限定された反復的な行動、興味、活動
特定のことにこだわりが強い（道順、物の位置、数字など）

ダーウィン／アインシュタイン／山下 清／
大村益次郎／サティ／シャーロック・ホームズ
レイモンド（映画「レインマン」主人公）

ASD（自閉症スペクトラム障害）

「女子の発達障害」に特有の生きづらさとは

◆女子の「多動・衝動性」は目立たない

さて、本書は「女性の発達障害」がテーマです。

最初にお断りしておきたいのですが、人数の上で、男性よりも女性に発達障害が多い、という事実はありません。

明らかにＡＳＤは男性優位です。さまざまなデータがありますが、**ＡＳＤについては7〜8割以上が男性、あるいは9割が男性という報告もあります。ＡＤＨＤは、以前は男性に多いとされていましたが、今ではそれほど男女差がないことがわかっています。**

数は多いとは言えませんが、「女性の発達障害」には独特の悩みがあります。

そのひとつは、「見逃されやすい」ことです。そのため発見が遅れがちです。ＡＳＤはそもそも女性は少ないため、これは特にＡＤＨＤが中心の話になります。

ＡＤＨＤの特徴である多動・衝動性は、幼少期や児童期の男子によく見られるものです。その特徴として、授業中にじっとしていられない、よくケンカをする、感情が爆発する、といったことがあげられます。このような症状によって、発達障害を抱えていることを周囲も気がつきやすいのです。

それでは、女性においてはどうでしょうか。もちろん、ＡＤＨＤの女子に多動・衝動性がないわけではありません。基本的な症状は男性と同じです。

しかしその程度は軽く、一般的に男子ほどは多動・衝動性が目立ちません。また筋力も男子ほどではないため、もし暴力的な行為があっても大きなトラブルに発展することはまれです。学校の先生も、きつく叱ることはないでしょう。

またＡＳＤにおいても、同様のことが見られます。ＡＳＤの女子は比較的症状が軽度で男子のように目立つ問題を起こすことは少ないため、**単に「おとなしい女の子」として扱われていることが珍しくありません。**

このような理由から、どうしても女性の発達障害は見逃されやすく、実際よりも女性において頻度が少ない、と判断される傾向があるのです。

そうして発達障害の発見が遅れることになると、対応が後手に回りがちです。

本来なら、早くから自分の特性を理解して、「こうすれば楽に生きられる」という対応策を身につけていくのが理想です。あるいは自分の特性を逆手にとって、ポジティブに利用していくことも可能となります。

けれども、発達障害の女性は、自らの特性によって、人とのコミュニケーションにおいて深刻なトラブルを招きやすいことや、苦手なことがあるということを理解しないまま思春期を迎え、やがて社会に出て行きます。

多くの場合、この時点で初めて、「生きづらさ」を強く感じるようになるのです。

さらに、結婚して妻、嫁、母など求められる役割が増えるにつれて、その生きづらさも増していきます。**仕事や家事、育児に難しさを覚えてから、ようやく自らの発達障害を自覚するケースは珍しくありません。**

◆「女の子らしく」ができない

女性の発達障害ゆえの悩みの、もうひとつ大きな問題としてあげられるのは、周囲から「責められやすい」ことです。

発達障害が原因で社会生活に問題が生じると、周囲から「だらしないからだ」、「努力不足だ」と責められることがしばしばあります。

それがもとで自己否定的になりがちで、自己評価が低くなり、うつ病や不安障害など、精

神的な不安定さを二次的にきたすことも珍しくありません。このような二次的な障害については、それだけを見れば、女性も男性も同様に見られます。しかし、女性のほうが**「女の子なのに」**と強く責められる傾向にあることが大きな問題です。

日本社会においては、男女のジェンダー・ロール（性役割）が非常に固定的です。明るくて、にこやかで、気配り上手で、常に男性を立てる。そんな女性像に縛られています。いわゆる「やまとなでしこ」が、いまだに日本女性の理想像なのです。日本の男性は、若い世代においても、このようなイメージを女性に求めていることが珍しくありません。

「家事は女性がやるべし」という風潮も、男女雇用機会均等法が施行されて30年以上が経つにもかかわらず根強く残り、男性側もそれが当然だと思っています。

夫婦共働きの家庭においても、多くの場合、家事と育児は妻が担当しているのです。夫が家事や育児に協力しているといっても、ほんのわずかな部分しか担っていないケースがしばしば見られます。

ところが、**発達障害の女性の特性は、そうした「男性が求める女性の役割」とは正反対であることが多いのです。**それが「女性なのに」と責められる原因です。

結婚して妻や嫁、母など求められる役割が増えると、それが顕著になります。

期待されるのは、いつも明るくにこやかで気配り上手な女性でいることですが、ＡＳＤの人は対人関係が上手でないため、親戚やご近所のつきあいができず、孤立してしまいます。

ＡＤＨＤの人は片づけが苦手で、家事全般も不得意です。また悪意はないものの不用意な発言が多く、問題とされることもしばしばです。

職場でも、お茶出しのような雑務は女性に期待されがちです。入社３年目のある女性は、「雑務担当の女性が欠勤しているとき、新入社員や2年目の男性社員もいるのに、お茶出しを期待されるのは私になるんです」と述べていました。こういう風潮は日本の職場には根強く残っています。

国連の日本人職員の最高位である事務次長の中満泉《なかみついずみ》・軍縮担当上級代表は、20代で国連入りし、スウェーデン人の外交官と結婚した方です。中満氏は、男女間格差が根強く残る日本の現状について、「根深い男女役割の刷り込み」があると、次のように指摘しています(https://www.47news.jp/4596012.html)。

「……日本の社会にはものすごく刷り込みがある。気がついていない刷り込みが、生活のありとあらゆるところにあって、男性はこうであり、女性はこうでありと、ジェンダーロール（男女の役割分担）に関して常時刷り込まれている」

「日本のニュース討論番組を見ていると、専門家で難しいことを言っている人はほとんど男性。で、メインのキャスターがいて、お飾りのようにサブのキャスターで女性が付いている。それが毎日毎日あるから、難しい専門的なことを話すのは男性で、ちょっとお飾り的に女性がいると刷り込まれる。

映画とかテレビドラマを見ていても、会社の執行理事会とか幹部会とかで座って会議をしているのは全てほとんど男性で、制服を着た女の人が書類を持って入ってきたりお茶を持って入ってきたり。そういうシーンがもういつも繰り返されていて、子どもたちは小さい頃からそういうのを見て育つので、社会ってこういうものなんだ、それが自然なんだと刷り込まれている」

◆問題が顕在化するのは思春期以降

幼少期には見逃されやすい女子の発達障害。彼女たちの問題が顕在化してくるのは、多くが思春期に差しかかってからです。

通常の知的能力の持ち主なら、発達障害の症状があっても、本人の努力で対応できる範囲も少なくありません。多くの場合、小中学校あたりまでは、そこそこ乗り切れることが多いようです。

例えば、ＡＤＨＤの特性により試験でケアレスミスを連発しても、問題を解くスピードが速ければ、そのぶん見直しに時間をかけることで修正がききます。

しかし思春期以降は、しだいに勉強が難しくなり、対応が追いつかなくなります。

その頃にはクラス内の人間関係も複雑になっています。しぐさや表情から相手の気持ちを読み取れないＡＳＤの人は、周囲から「変わった人」と扱われることも増えてきます。

ＡＤＨＤの人も、衝動的で自己中心的な振る舞いが原因で孤立することがあります。また思いつきの発言が多く、人間関係を悪化させるきっかけになりやすいのです。


こうして社会の荒波にさらされるようになると、いよいよ発達障害の特性がはっきりしてきます。**段取り下手でスケジュールが守れない、予定が狂うとパニックを起こす、遅刻を繰り返す**、などです。あるいは、**周囲と協調することができない、上司の指示に従えない**などの問題も見られるようになります。

発達障害の人の多くは、標準以上の知能を持っています。そのため、ある程度の業務はこなせるのですが、得手不得手は明らかです。

社会人１～２年目で不適応を自覚して、精神科を受診するというパターンが目立ってい

ます。

◆「女性」の「日本人」は二重の苦しみ

発達障害というと、「空気が読めない」「相手の表情、しぐさを読み取れない。言葉のニュアンスがわからない」といった症状をイメージする方が多いようです。特にASDにはその傾向があります。

もともと日本人の会話は、物事をハッキリ言わずに雰囲気やニュアンスで伝えようとする傾向があります。アイコンタクトで暗黙の了解を求める、なんとなく「わかってるよね」で済ませる、会議やミーティングでは特定の人が口火を切るのを待ってから話す、などが典型です。上司が詳しい事情を説明せず、ただ「うまくやって」としか言わないことも珍しくありません。

ところが、ASDの人はこうしたニュアンスを察知できません。そのため「どうしてみんな黙ってるの?」、「はっきり説明をしてください」などと、ひとりで問い詰めることがあります。

表情や言葉のトーンから相手の気持ちを読み取るノンバーバル（非言語的）なコミュニケーションを苦手としています。そのため、人の言葉を額面通りに受け止めてしまいます。同じ「イエス」でも本気のイエスか、ノーを含むイエスか、いろいろなパターンがあるのが日本人の会話ですが、ASDの人にとっては、「イエス」と言われたらイエスなのです。そのため、**お世辞や社交辞令も真に受けてしまいます。**

ちなみに、ADHDの人も同じように「空気を読めない」人に見られることが少なくありませんが、ASDとは、その原因が異なっています。

ADHDでは「相手の都合など考えず、思いついたことを言わずにいられない」傾向があります。ASDの人が「空気を読めない」のは**他人への無関心**によるものですが、ADHDの人が「空気を読めない」のは、その**衝動性**から「空気を読もうとしない」ことによるものです。

また彼らは相手の話をきちんと聞こうとしないで一方的に主張することが多いため、ASDと同様に「空気が読めない」とみなされることもしばしばです。

表面的には、ASDとADHDは似たような行動パターンを取るため、周囲からはなかなか区別がつかない場合が多いようです。

もっとも「空気を読めない」ことがこれほど責められるのは、日本社会ぐらいのものかもしれません。そもそも「空気を読む」習慣がない国では、「空気が読めない」ことが問題にならないのです。その証拠に、発達障害の帰国子女は、日本に帰ってきてから初めて問題がはっきりすることが多いのです。

帰国子女の患者さんは、**「日本はワケがわからなくてつらいです。海外は楽でした」**と言います。確かにそうかもしれません。日本では「善処します」、「検討します」といった曖昧な表現から、相手の真意を読み取らなければいけないからです。

言葉のニュアンスに加えて、顔色や、その場の雰囲気などを読み取るために、常にアンテナを張り巡らせなければならない。これは疲れます。また相手の社会的なポジションや経歴も常に頭に置いて発言することが求められます。日本社会では、日常の社会生活においても、常に「忖度《そんたく》」が必要なのです。

また、日本はまわりとの関係性を気にする社会でもあります。日本人は他人と自分を比べたがる傾向が強いのです。人種も宗教もバラバラの国では、いちいち人との違いを気にすることはありませんし、実際できません。個人の生き方や主義について、とやかく言うこともありません。人に迷惑をかけない限りは、「お好きにどうぞ」が基本です。

ところが日本人は、**「みんな一緒」**が前提です。肌の色も住んでいる家も、見ているテレビ番組も似たようなもの。こうした同質性が高い社会では、ちょっとした違いが大いに目立つのです。そのちょっとした違いに敏感であることが、「日本人らしい繊細さ」という美徳につながるのかもしれませんが、それが苦手な発達障害の人は、「変な人」扱いをされてしまいます。これはつらいことです。

地域や職場などの集団において、何かの意思決定を行う場合に、少数意見を有する者に対して、暗黙のうちに多数意見に従わせようと作用する強制力を**「同調圧力」**と呼んでいます。海外と比較して、日本社会ではこの同調圧力が強いことが指摘されていますが、それを読み取れない発達障害を持つ人には、生きづらい社会であることは明らかです。

◆頑として認めない親もいる

発達障害は生まれつきのものです。個人の特性と言うべき部分も少なくありません。薬を飲んだから、あるいは大人になったからといって、特性が消えるわけではありません。

そこで大切なのは、本人が自分の特性を理解して、学校や職場、家庭などで問題が起こらないように対応策を考えることです。周囲の人も、発達障害の当事者のできること・できないことを理解し、特性を活かせるよう協力するのが理想です。

しかし、現実には難しいことが少なくありません。

当事者のもっとも身近な支えになるべき家族でさえ、発達障害を理解できるとは限りません。むしろ「まさかうちの子が発達障害のはずがない」という思い込みから、発達障害そのものを否定してかかることもあります。

診察室でも「うちの子にそんな障害があるわけがない！　正常なことを証明しろ！」と親が診断を拒否することや、「こんな薬を飲ませてどういうつもりだ！」と怒りをぶつけてくることがあります。どちらも親が「子どもが発達障害を持っている」という事実を頭から否定しているのです。ある家族は、「うちの家系から精神科に通うような人間が出るわけがない」と堂々と主張していました。

むしろ、当事者のほうが冷静です。病院を受診する前から、本やネットで発達障害について調べて知識を蓄えており、「自分はこういう特性があるようですが、どうでしょうか」と、自分で診断を付けてくるケースが珍しくありません。

実際、ＡＤＨＤの場合は、自己診断がかなり正確です。

私は烏山病院でADHDの専門外来を担当していますが、「自分はADHDではないか」と自己診断でやってきた人の7～8割の方に、実際にADHDの診断が付いています。

もっとも、ＡＳＤの場合は、多少事情が異なります。受診者においては、「対人関係の障害」を主な問題として、自分はアスペルガー症候群などのＡＳＤではないかと、病院を受診するケースがよく見られます。

けれども、対人関係の障害は、ＡＳＤだけではなく、対人恐怖症（社交不安障害）やうつ病など多くの精神疾患で見られるもので、明確にＡＳＤのみを示す症状ではないため、自己診断が誤りであることが珍しくありません。

◆発達障害は障害者か、健常者か

周囲の無理解の背後には、精神疾患全般に対するタブー視もありそうです。

2章で対談した坂上さんは、夫に発達障害を打ち明けたとき、「気持ちわりい」と言われたそうです。精神疾患を何か「汚らわしいもの」とさえ感じ、全否定してかかる人は確かに存在しています。それは、「発達障害はまれなもの、自分とは無縁のもの」という大きな誤解のせいかもしれません。

事実は正反対です。むしろ、発達障害はまったく珍しくない疾患であり、また誰しも発達障害になる遺伝子を持っているとさえ言えます。

前述したように、ADHDの特性を持っている人は、人口の5%ほどだと言われていますし、**日本だけでも少なくとも500万人以上いると推定されます。**

さらに、ADHDという診断に至らないだけで、ADHD的な特性によって日常生活に支障をきたしている「境界域（いわゆるグレーゾーン）」の人を含めれば、もっと多いはずです。濃淡はあっても、かなり多くの人が発達障害的な特性を持っているのです。

両親が健常でも、ADHDやASDの子が生まれてくることも見られます。

このように発達障害は、レアな存在ではありません。むしろ、ありふれたものです。全否定する姿勢は完全な誤りです。

もうひとつ付け加えると、「発達障害」という言葉を用いていながら、実際のところは、知的障害や身体障害における「障害」とはかなり意味あいが異なることが、事態をわかりにくいものにしています。

ASDやADHDなどの発達障害の当事者は、障害者というより、**健常者のひとつのバリエーションとして理解するのが適切だと思います。**

現在のところ、行政が法律的にサポートする都合上「障害」という言葉を用いざるを得ませんし、病院でも患者として扱いはしますが、高い能力を持ち、立派に仕事を続けている人も少なくありません。パラスポーツにも、発達障害部門というカテゴリはありません。

かつては「発達障害＝知的に障害がある」という認識がありました。実際、知的障害を伴うケースも見られます。特にASDの重症例である自閉症は、知的障害を伴う率が高く、長期の療育を必要とし、彼らのための施設もあります。

しかし、**最近問題になっている発達障害は、知的障害のない人がほとんどです。**

私の経験でも、発達障害の専門外来にやってくる人の95％は知的に正常か、それ以上の知能の持ち主で、学歴もほとんどが大卒です。有名大学を卒業している人も数多くいます し、**医師や弁護士などの専門職についている人も珍しくありません。**

また、ＡＤＨＤの「不注意」の特性によって学校の勉強に集中できず、成績が悪い人であっても、実はＩＱ（知能指数）を検査すると標準以上だったりします。

◆学校で「発達センター」を勧められたら

小学校の先生が、子どもの立ち居振る舞いから、発達障害の疑いを持つことがあります。そんなとき、「発達センター」、「子ども発達センター」などに行くよう、勧められるかもしれません。

その場合、おそらく教師はかなりの確信を持っています。「疑い」程度では「うちの子が発達障害のはずがない」と、親が反発するからです。また統計上も、１クラスに30人いれば、１～３人が発達障害を抱えていても、不思議ではありません。

発達センターは、言葉や行動、情緒などの発達に心配のある子どもを支援する施設です。医療機関ではなく、行うのは相談と検査です。

例えば、山梨県の「こころの発達総合支援センター」は、センターの目的を次のように示しています。

「……子どもの心の健康や発達障害に関わる問題に的確に対応するため、児童思春期に特有な心の病を持つ子どもや心的外傷を抱えてしまう被虐待児、早期に発見されにくく適切な支援を受けられないため不適応状況に陥りやすい発達障害児者に対して、診断・治療等のクリニック機能や相談・支援体制の充実を図るとともに、発達障害児者の療育について地域の関係機関と連携した地域支援システムを構築します」

小学生の段階だと、まず知能検査が行われます。知的障害があった場合、通常の学級が適切かなどを見て、その子に合った学習環境を案内するためです。もっとも、ここでの判定には強制力はなく、アドバイスにとどまります。

発達障害の疑いがある場合は、医療機関を紹介してもらえます。その他、言葉の遅れがある子には「ことばの教室」に導入したり、言語聴覚士による療育の機会を設けたりしてくれます。

発達障害にもよく見られる、「集団行動が苦手」な子どものために、小さいグループを作り、遊びながら人に慣れさせる訓練をするところもあります。こうした発達センターの支援内容は、自治体によりさまざまです。

①ADHDの「多動・衝動性」、「不注意」とは

ここからは、具体的な症状について見ていきましょう。

まずはADHDについてです。ADHDの症状は大きく分けると「多動・衝動性」と「不注意」があります。

◆話し始めると止まらない

「話し始めると止まらない」のは、ADHDの多動・衝動性の症状です。話し方も特徴的で、普通の人より落ち着きがなく、早口で過剰さを感じさせることが多くあります。

ADHDの人は、自分をコントロールしようとしません。勝手気ままに生きる自由人と言えば聞こえはいいかもしれませんが、社会生活ではさまざまな問題が生じます。

私と話をするとき、ある患者さんは、私が「薬を変えてから調子はどうですか？」などと質問をしても、質問の要点をとらえず、思いついたことを一方的に話すので、質問に対

する答えがなかなか出てきません。

患者さんが話し続ける間、私は「聞きたいのはその話じゃないんだけど……」と思いながら、話し終わるのを黙って待たないといけません。話を途中でさえぎろうとすると、イライラしたり、不機嫌な顔になったりするからです。

一般の人にもこのような傾向はありますが、**ADHDの人は、どの場面でもそれが目立ちます。**話がどんどんずれてしまい、何がテーマだったのかわからなくなることもあります。

もっとも、話がずれていった結果、興味深い話が出てくることもあるので、診察する上では一概に悪いとも言い切れないのですが、職場などでは単なるムダ話になりかねません。

こういった対話における問題は、実はADHDの人の思考の特性を反映しています。**彼らの思考は、脈絡なくテーマが飛び、一見無関係な内容が思い浮かぶことも珍しくないのです。**

◆人の話を聞かない

ADHDにおいて、日常生活で特に問題になりやすいのは、人の話を聞かないことです。**自分の言いたいことだけを一方的に話し続けて、ぜんぶ言い終わるまで止まりません。**

思いついたことを最後まで話さずにいられないのです。相手の話にかぶせて話してしまうこともたびたびです。

また、珍しく話を聞いていたかと思うと、今度は早合点します。**ひとこと二言聞いただけで相手の話を理解したつもりになり、突っ走ってしまうのです。**

◆ひとこと多い

大人のADHDの衝動性の問題として一番多いのは、「言わずもがなのことを口にしてしまう」というものです。

沖田×華さんは対談中に「女の子にスタイルや体重のことを言ってしまう。『**太った?**』**と言ってしまう**」と、話していました。遠慮なく、思ったことをズバズバ口にしてしまう。要は「ひとこと多い」のです。それが時に人を傷つけ、人間関係を悪くします。

そうした言動のせいで、ADHDの人は「自己中心的」な人に見えてしまうところがあるのです。

特に、あまり自己主張をしない控えめな人のほうが好感度が高い日本では、「我が強い」と敬遠されやすくなります。控えめな「やまとなでしこ」とは正反対の特徴です。

彼女たち自身、自覚がないわけではなく、「こんなことを言ったら変に思われるかもしれない」と、ある程度はわかっているようです。しかし、だからといって発言を控えようとはしません。

その場の空気よりも、内面の衝動をADHDの人は優先させるのです。

そうして人間関係を悪くするうちに、周囲からは「変わった子」と見られ、浮いた存在になりがちです。そのうちに傷つき、自信を失い、引きこもる人もいますし、うつ状態となってしまうことも珍しくありません。

診察室において、会社で「ひとこと多い」をしてしまう人に対して、私は、**「できるだけ何もしゃべらないように」**とアドバイスをしています。日本の会社では、正しいことを堂々と発言するよりも、とりあえずの「空気」に従っておくほうが、周囲から評価されることが多いのです。

もっとも、周囲との人間関係が良好なうちは、ADHDのそうした奔放な振る舞いが「魅力的」に見えることもしばしばです。

彼らは、コミュニケーション全般が苦手、というわけではありません。一般的には、A

DHDの人は比較的フレンドリーで、人当たりがいい印象があります。初対面の人とも、すぐに仲良くなれることも多いのです。

その証拠に、先に少し触れましたが、漫画やドラマなどにおいて人気のあるキャラクターには、ADHDタイプが珍しくありません。


例えば、1991年に大ヒットしたテレビドラマ「東京ラブストーリー」に登場する**「赤《あか》名《な》リカ」**です。

「セックスしよ！」などと突飛なセリフをパッと口にして人を振り回すこともあるのですが、そうした大胆な発言と行動が、常識的な人には新鮮であり、魅力的です。

最近のドラマでは、NHKの朝の連続テレビ小説「半分、青い。」のヒロインである**楡《にれ》野《の》鈴《すず》愛《め》**にも、「思いつきで勝手なことを言う」といったADHDの特性が見られていました。

1971年に生まれたヒロインの鈴愛は、そそっかしく勘違いによる失敗も多いけれども、何事にもくじけずに挑戦していく気概のある少女です。

岐阜県の田舎町、東美濃市のふくろう商店街にある食堂の長女として生まれた鈴愛は、子ども時代に片耳の聴力を失いましたが、絵を描くことが好きな明るい少女に成長しました。

鈴愛は飾り気のない性格で、周囲からは「お前の口は羽よりも軽い」と言われていました。

高校3年生の夏休み、鈴愛は幼なじみの萩尾律《りつ》から借りた秋風羽織《あきかぜはおり》の少女漫画に熱中していました。鈴愛の就職はなかなか決まらなかったのですが、祖父の尽力もあってようやく農協から内定を得ることができました。

ところがその直後、秋風のトークショーに行った際、弟子入りの誘いを受けたことをきっかけとして、鈴愛は就職をやめて、東京の秋風の元で漫画家を目指すことを決めてしまったのです。

鈴愛には、ADHD的な特徴が顕著に見られます。いつも彼女は何かをやらかしてしまいます。慌て者で、授業中にぼんやりしていたことを教師に注意されたときは、焦って立ち上がろうとして転んでしまいます。本人も自分がそそっかしくおっちょこちょいであることに悩んでいましたが、興味をひくことが出てくると、悩みはすぐに忘れてしまうのでした。

鈴愛の行動は予想がつきません。男子に向かって本気で刃向かい、機関銃のようにしゃべり続けたりもしました。こうした彼女の言動にはADHDの特徴がよく見られていますが、同時に魅力的な面でもあるのです。

対談中にも触れましたが、2018年に亡くなった漫画家・**さくらももこ**さんも、AD

HDを思わせるエピソードをいくつも残しています。

◆じっとしていられない

一般的にも「ADHD＝多動で落ち着きがない」というイメージを思い浮かべる方が多いようです。典型的なのは、「授業中、席にじっと座っていられず、歩き回る子」というイメージなのですが、そこまで目立つ多動はまれな例です。

子どもであっても、手足をモジモジさせたり、手遊びをしたり、視線がキョロキョロしたりするぐらいのことが多く、立ち上がって歩き回ることは多いとは言えません。

いつも椅子をガタガタさせているのは、多動の症状である可能性があります。

また大人になると一定程度、本人の努力で抑えることができるため、多動といっても貧乏ゆすり程度のことが多いです。例えば、いつも米粒や粘土を持ち歩いて、手で丸めている患者さんがいました。彼は、手の指を動かすことで、内面の落ち着きのなさを解消していたのです。

それでも、彼らがじっとしているのが苦手なのは確かです。

対談した鈴木さんは、もの静かな方ですが、やはり「**座っているのが苦痛**」と話しています。会社員として働いている方でも、ずっとデスクワークをしているのはつらいと言います。レジの行列など、何かを待っている時間も耐えられません。事務仕事より、外回りが性に合っているという人はよく見られます。

「気が散りやすい」のも、衝動性と関連しています。例えば、目の前にやらなければならない仕事があるのに、よそ見をしたり、別の仕事に気を取られたりしてしまいます。

また、**空想癖**もあります。特にＡＤＨＤの子どもに多いのですが、授業を聞いているようで実は聞いておらず、頭に思い浮かぶイメージを楽しんでいます。

前述のさくらももこさんも、自らの空想癖について、「『うわの空』の詳細」において、次のように回想しています（『まるこだった』さくらももこ）。

「授業中、私はいつでも自己流に過ごしていた。先生の話もみんなの意見も何もきいていないのである。では何をしているのかといえば、雑誌の連載漫画のつづきを気にしていたり、自分の欲しいオモチャやペットの事を考えたり、（中略）ノートの隅にらくがきしたり、まァいろいろとやることはあったのである」

◆「人間発動機」と呼ばれた野口英世

こうした多動・衝動性にもとづく行動が、「エネルギッシュで活動的」に見えることもあります。

しかし普通の程度ではありません。**過剰に活動的なのです。**

対談中にも触れましたが、千円札の肖像になった偉人、**野口英世**はADHDだったと考えられています。米国では昼も夜もなく研究を続け、疲れたら靴を履いたまま眠ってしまうので、寝間着を持っていなかったという逸話もあります。

連日、不眠不休で働き続ける彼を見て、ロックフェラー医学研究所の同僚のつけたあだ名は「人間発動機」、「24時間仕事男」でした。

野口英世と言えば、高名な学者で、貧しい暮らしの中で刻苦勉励によって世界的な発見を成し遂げた努力の人、あるいは幼児期に負った左手の障害を乗り越えた不屈の人物といったイメージを持っている人が多いと思います。

1876年に福島県耶麻郡三ッ和村にて出生。生家は農家でしたが、父親は酒好きの放《ほう》蕩《とう》者で、母シカの働きによって家計が支えられていました。

子供時代から英世の優秀さは際立っていました。小学4年のときには級長となり、さらには代用教員に指名され教壇で授業をするまでになりました。高等小学校を卒業して上京し、開業医に弟子入りをし、ほぼ独学で医術開業試験に合格しています。

この時期の英世の努力にはすさまじいものがありました。自分をナポレオンにたとえ深夜まで医学の勉強をし、さらに英語、ドイツ語、フランス語もマスターしています。まさに**過剰集中**の結果でしょう。

医師の資格を得たといっても、学歴も後ろ盾もない英世の生活は楽ではありません。彼の極端な浪費癖も拍車をかけました。

何よりも、英世は借金魔でした。身近な人からは、限度を超えて借金をしましたが、返済することはほとんどなかったようです。その上、宵越《よいご》しの金は持たないとばかり、持っている金はあるだけ遊興で蕩尽《とうじん》したのです。後に英世が米国留学するときにも、当時の婚約者から支度金として受け取った大金を一晩で使い果たしてしまったことが知られていますが、こうした傾向は「衝動性」の表れと考えられます。

一方で、英世の研究に対する打ち込み方は、尋常ではないものがありました。彼には私生活というものがなかったのです。朝も昼も夜も研究を継続し、倒れるまで仕事に明け暮れたのでした。

過剰なまでの仕事への集中、衝動的な浪費癖と生活力のなさは、英世のADHD的な特性を示すもので、世界に誇れる数々の医学の業績は、このような特性と関連が大きかったのです。

鈴木さんも、対談中に「絵を描くのに夢中になって、飲まず食わずで8キロやせた」というエピソードを紹介してくれました。

野口英世や鈴木さんのように、**ＡＤＨＤ特有の「過剰な集中」が、大きな業績につながることもあります。しかし、これほど過剰な活動性は長続きしません。「倒れるまで仕事をしていた」人が、やがてオーバーワークで倒れ、うつ病を発症するというケースも少なくありません。**

また、本人が本当にやりたいことでないと、こうした活動性は発揮されません。**「同じような集中力で学校の勉強もがんばる」とは、なかなかならないのです。**

◆思いつきで行動する

ＡＤＨＤの人は思いつきで、計画なしに行動に移します。情報を集めもせず、先のことを考えもせずに、その場のインプレッションで決めてしまうのです。

また、同じく思いつきで、一度決めたことをコロコロ変えたりもします。「慎重さ」からは、程遠い存在なのです。

要するに、彼らは、「物事の全体を見て計画を立てる」のが苦手なのです。「これは大事な決断だ」という認識はあるようですが、「Ａの選択肢を選んだらこんな問題が起きるけど、こんなメリットがある。一方、Ｂの選択肢なら……」と、計画的に理詰めで考えることができません。一瞬の印象で、Aがいいと思えばAに、Bがいいと思えばBに、衝動的に飛びつきます。

そのため、仕事の段取りを考えるのも難しいのです。プロジェクトを進める上で**優先度の低い作業に時間を費やしてしまい、スケジュールを守れない**、といったことも起こります。

同じ理由で、ADHDの人には遅刻グセもあります。

目的地までかかる時間を想定しておくということができませんし、「今、これがやりたい！」と思うと、他の用事が目に入らなくなります。

坂上さんの「靴ひもを結んでいて、キャンプの集合時間を忘れた」というエピソードは、象徴的だと思います。

たとえ、その約束を前から楽しみにしていても、また相手のことが大事であったとしても、遅刻グセは治りません。

その瞬間にしたいと思ったことを行ってしまうため、その後の約束を守れなくなるのです。

先送りをする傾向も、遅刻の原因になります。前日に用意をしておけばいいのに、ギリギリになるまで、準備をしようとしないのです。朝になって慌てて用意をするので、時間には遅れるし、必要な物も忘れてしまいがちです。

「片づけられない」のも、計画性のなさから来ています。全体を見通すことが下手で、何をどの場所に収納するかなどを計画できないのです。また先々のことを考えられないと、物を捨てることもできません。「しばらく使っていないからいらない、捨てよう」と見切りをつけられないのです。

さらに、人生における大事な決断も、同じように思いつきで決めてしまいがちです。例えば、就職、退職、転職、結婚、離婚など。大事な決断ほど熟慮し、一度決めたら簡単には変えないのが一般的な常識ですが、ADHDの人には当てはまりません。当然、それで大変な目にも遭います。しかし、次から慎重になるかというとそういうわけでもなく、また同じパターンを繰り返すのです。

衝動買いも、ADHDにはよく見られます。その場の勢いで必要のない物まで買い込んでしまいますが、「買い物依存」や「衝動買い」はADHDの衝動性と関連していることが多いのです。

◆怒りっぽい

ADHDの衝動性が原因で、ちょっとしたことでカッとしたり、イライラしたりすることもあります。普段はおとなしい子でも、突然キレたりします。

女性の場合はさほど目立ちませんが、男性の場合は暴力行為に発展することも見られます。ここでも、やはり過剰なところがあります。

例えば、正義感からの行動になりますが、**路上喫煙がどうしても許せずに相手の胸ぐらをつかんでしまう**、といったことです。本人は正しい行動をしているつもりですが、まわりからは「そこまでしなくてもいいんじゃないか」と思われてしまいます。

◆ひどすぎる忘れ物

忘れ物をする、なくし物、落とし物をする、余計なことに気を取られる。これはADHDの「不注意」の症状です。

一般の人も「うっかり」忘れ物をすることがありますが、大事な用事を忘れることはほとんどないでしょうし、もしあっても繰り返すことはないでしょう。また、場所や状況が限定的で、一過性のものです。

一方、ADHDの人は大事な場面でもそうでない場面でも、不注意による問題が起こります。加えて、子ども時代も大人になってからも、同じように忘れ物をしたり、大切な物をなくしたりします。

子どもの頃は、帽子やカバン、授業で使う体操服や必要なプリントを忘れる。毎日背負っているはずのランドセルを忘れることも珍しくありません。

教科書をよく忘れるので、毎日全科目の教科書を持って登校していたという人もいます。大人になってからは、スマホやパソコンを忘れたりなくしたりします。外出中の目的地の場所を忘れることもあります。

これは、そもそも不注意で他のことに気を取られているせいでもありますが、**「準備をしない」ためでもあります。**

例えば「明日の会議に使う資料を今のうちにカバンに入れておこう」と頭ではわかっているのに、彼らはなかなかしようとしません。結局、翌朝には忘れていることが多いのです。出社前ギリギリになって思い出して準備をして、慌てたせいで忘れ物をしやすくなるのです。

一方で、ＡＤＨＤの特性を生かして社会の中で成功している人もいます。

ＡＤＨＤの人は注意力が散漫ですが、それは別の見方をすれば、目の前の課題から離れて自由に想像力を広げられる、ということでもあります。ある意味、これは自由な発想が豊かであるとも言えるわけで、これが「創造性」に結びつくのです。

そのため、**イラストレーターやデザイナー、小説家、漫画家、画家といった芸術的な才能の持ち主には、ADHDの特性を持つ人が少なくありません。**

◆普通ではありえない間違いをする

ADHDの人は、「普通ならまず間違えないだろう」と思われる重要なことを間違えることがあります。それは「うっかり」のレベルを超えています。また、同じ間違いを繰り返してしまうことも珍しくありません。

「メモを見ながら入力しているのに、数字を打ち間違える」
「上司に仕事を頼まれた数秒後には忘れてしまい、後で叱られる」

このようなことは、ADHDの人には、日常的によく起こることです。「私は『忘れ物の女王様』と呼ばれていた」と言う患者さんは、小学校時代に、月に30回以上の忘れ物をしていたそうです。

職場では指示もれや、「言った・言わない」が頻発します。以前、**「羽田空港に向かわなくてはいけないのに、成田空港に着いてしまった」**というエピソードを、ADHDの患者さんから聞きました。東京六大学出身で、正常以上の知能を持っている人でしたが、これほどの間違いをしでかすのです。

私は世田谷区と品川区の2つの大学病院で診療をしているのですが、これを取り違える患者さんもいます。自分で電話して世田谷の病院を予約したのに、品川区の病院を訪ねてしまう。このような患者さんからの電話が、年に2~3回あります。

◆「ほんの数秒」の記憶が苦手

忘れ物はADHD特有の不注意から来ているものですが、もうひとつ言えるのは、ADHD人は短期記憶があまり得意でない、ということです。

短期記憶とは、数秒間しか保持できない一時的な記憶であり、新しい記憶が入ってくることですぐに忘れられる記憶です。一方、数年から数十年間保持できる記憶を長期記憶といいます。

短期記憶は、計算や読み書きなど、日常生活に必要な作業を行うのに欠かせません。そのため短期記憶は、「ワーキングメモリ（作業記憶）」とも呼ばれます。

ADHDの人は、この短期記憶を保持することが苦手なことが多いです。

特に、人に言われた言葉が記憶として定着しません。これが原因で、職場では「指示さ

れたことを忘れてしまう」というトラブルが頻発します。

しかしながら奇妙なことには、記憶に関する心理検査を行っても、ＡＤＨＤの人には必ずしも異常は見られません。つまり、彼らは本質的に記憶機能が障害されているというわけではなく、それを有効に利用できないことが問題なのです。

そういう人たちには、彼らの置かれた環境に応じて、「自分なりの対策を考えてください」とアドバイスしています。指示を受けたらすぐ紙かスマホにメモをする、定期的に見返す、などです。

ある編集者の人は、朝一番にその日の課題をすべて箇条書きにして、仕事中にひんぱんに確認するようにしていると話していました。

また、ある女性は「バッグインバッグ（インナーバッグ）」を活用しています。鍵や財布、スマホなど忘れやすくなくしやすいけれど絶対に必要な小物類を小さなバッグ（インナーバッグ）に入れ、それをバッグに入れることで、荷物がいくつもある状態を避ける（ひとつにまとめて忘れにくくする）。複数のカバンを持っている人は、カバンを替えるごとに物をなくしやすいのです。

もちろん、ＡＤＨＤでも忘れ物をあまりしない人はいます。でも、よくよく聞いてみると「子どもの頃、忘れ物はしなかった」と言う人も、実は本人に代わって親が身支度を整えてくれていたり、忘れ物に懲りてから気を使うようになっていたりする場合があります。忘れ物をしやすいという根本的な特性は変わっていないのです。

後者の場合は、むしろ「絶対に忘れ物をしない人」になります。坂上さんは「キャンプでの遅刻が忘れられず、その後は絶対遅刻しないようになった」と話していましたが、そのパターンです。

◆マルチタスクが苦手

「数秒前のことを覚えていられない」という特性から、同時並行で複数のものごとを進める、いわゆる「マルチタスク」も苦手です。

一つひとつの作業は問題なくても、別の作業がそこに加わると、とたんに慌ててしまいます。例えば、不意に新しい用事を頼まれたり、電話が鳴ったりするだけで、目の前の仕事がこなせなくなるのです。

このような場合どのように対応したらいいか、なかなか難しい問題ですが、まず何よりも、**マルチタスク状況を作らない**ことが重要です。やむを得ずそのような状態になったときは、ひとつのタスクをある程度終わりの見えるところまでやってから、次のタスクにとりかかるのが望ましいでしょう。

同じように、複数人で話し合いをする場面でも、ＡＤＨＤの人は戸惑います。１対１の対話なら割とできるのですが、**５人、６人と人数が増えると、話題についていけません。**話す人が変わるたびに注意を向ける先をシフトすることが苦手なのでしょう。

その結果、黙ってしまったり、関係のない発言をしたりして、ひんしゅくを買うことになりがちです。

◆人の声を聴き分けられない

沖田×華さんは、「ファミレスで目の前の人と話しているのに、後ろのテーブルの人々の会話も同じように聴こえてしまう」とのことでした。これもＡＤＨＤの特性のひとつです。

通常、人間は、周囲から聴こえてくる音の中から自分にとって重要な情報のみを選び取る、という能力を備えています。沖田さんの場合、聴覚そのものに障害があるわけではないのですが、重要な情報のみを「選び取る」ことができません。いわゆる「攪乱《かくらん》のされやすさ」が、このような現象の背景にあると考えられます。

以上、ＡＤＨＤの人の特性を見てきました。

続いて、ＡＳＤの具体的な症状について見ていきましょう。

②ＡＳＤの「空気が読めない」、「強いこだわり」とは

◆視線が合わない

ＡＳＤの人には「空気が読めない」、「人の気持ちがわからない」という特徴があります。

「他人に関心がない」、「人との関わりをあまり好まない」ことが原因です。

その点で、「人と関わりたくてもできない、怖い」対人恐怖症（社交不安障害）とはまったく違います。

以前、ＡＳＤの人の視線を「アイトラッカー」という機器を使って計測したことがあります。

すると、普通の人は会話をしながら相手の顔や目を見ることが多いのに対して、ＡＳＤの人は、相手の顔や目ではなく、体や背景を見る頻度が高いことがわかりました。極端な言い方をすると、一般の人は「人中心」で見るのに対し、ＡＳＤの人にとっては「人も背

景も同じもの」、**風景の一部として人を見ているのです。**

ですから、人の顔もあまり覚えません。3年間一緒のクラスだった同級生に、卒業式の日に「お前、誰だっけ？」ということがありうるのがASDです。

今村夏子さんの小説**『こちらあみ子』**の主人公あみ子には、このようなASDの特徴がよく見られます。

この小説は、著者が太宰治賞と三島由紀夫賞を受けたデビュー作で、ASDの主人公、あみ子の暮らしを淡々と描写しています。

あみ子は多動で落ち着かない女子。学校の授業中に歌をうたったり、机に落書きしたり、ボクシングのまねをすることもありますが、悪意は見られません。自然にそういう行動を取ってしまうのです。

常識はずれの行いをしても、本人はおかしなこととは感じないのですが、周囲からは奇妙に思われていました。

あみ子は相手の気持ちがわかりません。相手は嫌がっているのに、片思いの男子生徒に繰り返し話しかけるため、かえって彼を怒らせてしまうこともありましたが、どうして彼が怒ったかも理解できないのです。

ＡＳＤにおいては、対人関係の障害では、身振りや表情などによるコミュニケーションがうまくできないことが指摘されていますが、あみ子も、相手の男子が何度も「ノー」のサインを出していることに気がつかなかったのです。

そして、あみ子は関心のない人の顔をまったく覚えていませんでした。クラスメイトから声をかけられても、まるで誰だかわからないのでした。

ＡＳＤの人は、「人間嫌い」というほど他人を嫌っているわけではありません。多くの場合、そもそも他人に対して無関心で、気にしていないと言ったほうが正確です。

それが、「相手の都合も考えずに思ったことを話し続ける」、「唐突な発言をする」などといった特徴として表れます。

子供の頃は、集団の中にいるのに奇声をあげたり、跳ね回ったりすることもあります。

親になってから、「子どもに適切な対応ができず、育児放棄を疑われる」、「叱りすぎて虐待を疑われる」ケースもあります。相手が子どもであっても蔑《ないがし》ろにしやすく、子どもの言いたいことを察するのも苦労するからです。

「最後通牒《つうちょう》ゲーム」という実験からも、他人に対する無関心が明らかになっています。

最後通牒ゲームとは、例えば次のようなものです。

「自分と相手に、1万円を好きな割合で分配しよう」というゲームです。自分が5千円、相手も5千円でもいいですし、自分が1万円で相手がゼロでもかまいません。そのかわり、相手は分配額に不満があれば破棄できます。自分がゼロで相手が1万円では納得できないという場合は、ふたりともゼロになるのです。では、いくらずつ分配するのが妥当なのか。そんな実験です。

面白いことに、健常者は、実験において、背景に人の目があるときとそうでないときでは、分配の仕方が変わります。人の目があると、相手のほうを多くするのです。つまり人前では気前が良くなるということです。

しかし、ASDの人は違います。ASDの人は、もともと相手に多くあげる利他的な傾向があるのですが、それに加えて、人の目があろうとなかろうと相手に配る額が変わりません。彼らは、人の目を気にしていないのです。

◆ひとり遊びが多い。グループの輪に入れない

ASDの人は、他の人をあまり必要としていない、とも言えます。

遊ぶときも、ひとりで好きなことをやっているのを好みます。以前、「生まれてからひとりも友達がいない」と言う患者がいましたが、特段そのことを気にしている様子はありませんでした。もっとも、思春期以降は、人間関係が希薄なことについて寂しさを感じる人もいます。

かといって、人の輪や友達のグループに入ろうとしても、難しいでしょう。

というのも、ASDの人も、ADHDの人と同じで、マルチタスクが苦手なことが多いのです。

ADHDの人は「数秒前のことを覚えていられない」からですが、**ASDの人は、「決められた手順を正しくこなす」のが得意な一方で、アドリブがききません。複数の人が丁々発止のやりとりをしている中で、雰囲気を壊さず会話に参加するようなことは、なかなか難しいと思います。**

彼らが友人を作るシチュエーションとして、同じ趣味嗜好の人と親しくなることが多いようです。電車、アイドル、ゲームなど関心はさまざまですが、共通の関心を持っている相手とは安心してつきあえるのです。

もっともこれは一般的な「友人関係」とは、いくらか様子が異なっています。オタク的な趣味の領域では深く関わるのですが、パーソナルな側面についてはほとんどお互いに踏み込もうとはしないし、関心も薄いようです。

このような結果として、**ASDの人は性格が受動的になり、人の言いなりになりがちな傾向があります。**積極的に周囲に働きかけることができないか、あるいは無理して働きかけてもかえって孤立を招いてしまうからです。

事実、ASDの人は**いじめの対象になりやすい**ことがわかっています。烏山病院のASD患者302例について健常者と比較したところ、いじめの被害、不登校、引きこもりなどが高い比率で見られました。特に小中学校におけるいじめの被害は40%以上も認められました。

不登校やいじめの問題は、現在においても学校教育における重大な問題です。いじめをきっかけとした自殺もしばしば見られています。このような状況を改善するためには、発達障害という視点を持つことが重要であるのは明らかでしょう。

◆会話がすれ違う、かみ合いにくい

「会話がすれ違う、かみ合いにくい」という特性は、ASDにもADHDにも見られるものですが、その原因が異なっています。

ADHDの人は、「自分が思いついたことを、最後まで言わずにはいられない」という衝

動性に特徴があります。このため、どうしても話題が自分の興味に偏ってしまい、話がかみ合わなくなります。

一方、ＡＳＤはというと、他人に対する無関心や配慮のなさが原因となります。彼らは相手のことを気にすることなく、自分の好きなことだけをまくし立てるのです。

私が診察しているＡＳＤの患者は、80年代のアイドルが興味の対象でした。

ある日、アイドルの話題を振ったところスイッチが入り、独演会が始まりました。松田聖子や菊池桃子について一方的に話し続けたのです。診察時間のことなど、まったく無視していました。

他にも、診察のたびに、ノートやメモ帳に何ページにもわたってびっしりと話すことを書いてくる人がいます。ときにはしっかり印刷して持って来てくれる人もいます。前回の診察以降にあったことを、どこへ行って高校時代の友達と会って何の話をして……と、ぜんぶ話さないと気が済まないようです。

◆特定の対象に強いこだわり

前述のアイドル好きの患者もそうですが、いわゆるオタクの人たちとＡＳＤには、かなりの共通点があります。

それはＡＳＤ特有の「同一性へのこだわり」から来ています。同一性へのこだわりとは、特定の対象に対して強い興味や関心を示すことです。他の人から見たら「なぜそんなことに？」と不思議に思うような内容に過剰にこだわる例も少なくありません。

例えば、外出の道順や物の位置、あるいは特定の数字などに固執します。興味の対象を細かく記述したり、記録したりするのに熱中することも見られます。

収集癖もあります。アイドルのグッズが部屋中にあふれている、クラシック音楽が好きでＣＤを何千枚も集めている、といったケースがよくあります。

ある患者は、「交通」関連が好きで、列車の事故原因を究明しようと数多くの資料を収集し、分析レポートを鉄道会社に送りつけました。

常人にはとても真似できない作業です。こうした熱中やこだわりを仕事にも生かせたらいいのに、と思わせるすごい能力なのですが、現実にはなかなかうまくいきません。彼らの熱意は「自分が興味のあること」以外には発揮されにくいからです。

◆マイルールを崩せない

「同一性へのこだわり」が強すぎて、自分だけのマイルールを崩すことができません。

例えば「歩き出すときは必ず左足から」などです。

その他、**家具を置く場所**や、**公園で遊具を遊ぶ順番**など、些細なところにもマイルールがあります。それを周囲に押しつけ、うんざりさせることもしばしばです。

1988年に大ヒットした映画**「レインマン」**の主人公キム・ピークはASD(自閉症)でした。彼のマイルールは「火曜日はパンケーキでないといけない」、「パンツはKマートで買わないといけない」。「メープルシロップが先に出てこないといけない」。それが守れないと激しくうろたえるのです。

また進化論を提唱した**チャールズ・ダーウィン**にも、ASDの特徴がありました。彼は中年以降、毎日、家の近くの細長い道を散歩しました。彼はその道を何回ぐるりと回ったかを数え、回るごとに必ず固い石を道の上に蹴り上げたそうです。

マイルールが守れないと体調を崩してしまうこともあるので、周囲の人間も尊重しないわけにはいきません。よほど変なことでなければ、見守る他なさそうです。

今日のASDの概念が成立するはるか以前から、ASD(自閉症)と考えられるケースを、伝説や物語の中に見出すことができます。

その代表的な例が、「聖フランチェスコの小さな花」という聖人の伝説集に記載されている**使徒ジネプロ**です（『アシジの聖フランシスコ』J・J・ヨルゲンセン、平凡社）。

ジネプロは、13世紀におけるキリスト教の聖人、聖フランチェスコの弟子でした。あるとき巡礼中にローマ市民が一同を迎えに来ました。けれどもジネプロは、シーソーに心をひかれてしまい、市民たちを無視してずっとシーソーに乗り続けていたのです。

またあるときジネプロは、一どきに2週間分の食事を作ってしまいました。ジネプロは修道院長から叱責を受けたのですが、後悔する素振りも見せずに、怒っている修道院長の声がしゃがれてきたのを心配し、熱いオートミール粥《がゆ》を手に入れて差し出したといいます。彼は自分が良い行いをしたと思っていて、どうして修道院長が怒っているのか理解できなかったのです。

このようなジネプロに見られる「常同性」へのこだわりとコミュニケーションの問題は、今日のASDにおいても共通して認められるものです。

◆感覚過敏

ASDの人には、感覚過敏の傾向もあります。これは診断基準上、「同一性へのこだわり」に含まれているものです。特定の感覚に過剰な敏感さがある、ということです。

例えば、視覚については、光への過敏さも見られますが、特定の色にこだわる、というケースもあります。

沖田×華さんは青い物が好きで、服も青ばかりだそうです。

感覚過敏の中で、いちばん多いのは、**皮膚感覚**です。**下着のタグが肌に触れると苦痛なので絶対に切り取る、**などです。

「生野菜は一切食べない」など、食べる物にも偏りが生じますが、これは味覚に関する感覚過敏が関連しています。

においへのこだわりもあります。私が診察している人は、化粧品やスプレーなど、あらゆる強いにおいが苦痛で電車にも乗れず、引きこもりが長く続いています。

◆言葉の裏が読めない、相手の意図をくめない

ASDの人は、言葉の裏に隠れているものを読み取るのが苦手です。そのせいで、比喩や冗談、皮肉などを理解できず、言葉の通りにしか受け取れないのです。

ある患者は中学生のとき、担任の先生から「道草を食わないように」と言われて、**「道に生えている草を食べたりしない」**と言い返したそうです。

別のASDの男性は、ふだん食事の支度をしている妻が「今日は具合が悪くて、ちょっと食事が作れないのよ」と言ったとき、「じゃあ待ってるよ」と答えたのです。

普通に考えると、これはおかしい対応です。一般の人なら、「今日は僕が食事を作るよ」とか「買ってこようか」とか答えるところです。妻もそれを期待していたことでしょう。ところが、ASDの夫は悪気がないどころか、至って真面目です。「具合が悪いなら、待っていれば良くなるはずだ」と考え、本人なりに筋が通っているのです。

妻のほうは「あなたが作るなり、総菜を買ってくるなり、外で済ませるなり、自分で考えてね」と言外に伝えたつもりでいますが、そうした言葉の裏に隠れたメッセージは、ASDの人には届きません。

「具合が悪いので、今日はご飯を作れません。食事は自分で、なんとかしてください」とハッキリ言われればASDの人もわかるのですが、日常的なコミュニケーションにおいては苦労します。「食事は自分でなんとかしてください」を省くのが、日本人的なコミュニケーションだからです。

結果、相手の意図をくめず、職場でも家庭でもトラブルを引き起こすことになるのです。ただしASDの人においても、成長し社会経験を積んでいくことで、「こういうときはこう振る舞えばいい」というパターンを身につけるケースもあります。

昭和大学附属烏山病院のデイケアでは、そのような訓練を「グループ療法」として行っています。10名ぐらいのグループでシチュエーションを決め、「こういうときはどう行動して、どう発言すれば人間関係が円滑に回るか」を検討し実践するのです。

例えば、「行きたくない飲み会に誘われたとき、どう断るか」。こういう訓練だけで言葉の裏が読めるようになるわけではありませんが、日常生活のトラブルを減らすために、役に立ちます。あるシチュエーションでどのように振る舞えばいいか理解すれば、会社や学校での適応を改善することができるからです。

◆性的被害に遭うリスク

当事者の話を聞く限りでは、ASDの女性は性的な被害に遭うリスクが高い印象です。例えば、「ちょっとお茶、飲んでいかない？」という言葉に隠れている男性の下心を読めずに、ついて行ってしまう、というケースです。ただし現在のところ、「ASDに性被害が多い」という事実を裏づけるデータはまだありません。

沖田×華さんはストーカー被害に遭っています。**「いつも同じ道を、ひとりで同じ時間に歩くから待ち伏せされやすい。音に敏感でブザーも鳴らせないから、ストーカーに狙われやすかった」**とのことでした。

前述したように、統計的には、「ストーカー被害者に発達障害が多い」ことを示すものは、現状ではまだありません。ストーカーが狙うのは、多くの場合は顔見知りです。沖田さんのケースはむしろ通り魔的な犯行で、やや例外的だったと言えるかもしれません。

ただし、発達障害だけでなく、精神疾患の人やその周辺の人が集まって情報交換をしているネット掲示板などで、ストーカーとつながってしまう場合はあります。普通の人よりも交友関係が狭いために、健常者なら警戒するところを、ついつい密に連絡を取り合ってしまう。その結果、ストーカー被害に遭う確率が高まるのです。

また、そのような掲示板やＳＮＳは、精神的に不安定な人の比率が高いため、過度に依存的になったり、ときには被害妄想的になったりするため、参加をする場合は注意することが必要です。

◆「女の子らしくない」と見られてしまう理由

脚を広げて座る。

男子の前で平気で着替え始めてしまう。

服装・見た目に無頓着。

比較的ＡＳＤによく見られることですが、こうした暗黙の了解として存在する「女性らしさ」に欠けた振る舞いをすることがあります。

それを人に指摘されれば振る舞いを変えることもできるのですが、多くの場合、あまり気にしないようです。これも、他人への無関心や配慮のなさからでしょう。

ただし、このような振る舞いには、性同一性障害などの性別違和が原因である可能性もあります。

発達障害の当事者には性同一性障害が高い頻度で見られるのですが、ADHDよりASDの人に多いようです。

その場合、体は女性であっても「自分の本質は男性」と感じています。反対にASDの男性が性同一性障害を抱え、「自分の本質は女性」と考えている場合もあります。

発達障害の人のセクシャリティを示すデータはあまり報告されていませんが、性の概念が一般とは異なる点が見られる、ということは言えそうです。

◆ASDには天才が多い?

「発達障害だからといって天才とは限らない」と沖田×華さんはおっしゃっていました。

もちろん、全員が全員、天才ではありません。割合を見れば、特殊な才能を持つケースは発達障害の人全体の5%以下と考えられています。

しかし、発達障害を持つ天才の例は、よく知られているところです。どちらかといえば、ADHDよりASDに天才は多いかもしれません。

例えば、サヴァン症候群には、かなりの比率でASDが伴っています。サヴァン症候群とは、記憶力や音楽的才能、計算能力、知覚運動、芸術などに突出した能力を示すものです。

前述した映画「**レインマン**」の主人公のモデルとなった米国人キム・ピークは、9000冊以上の書物を暗記していました。誰かの誕生日も、その日が何曜日で、先々の誕生日が何曜日になるかまで言い当てることができました。

相対性理論を提唱した天才**アインシュタイン**も、ASDの特徴がありました。言葉の遅れがあり、7歳頃まではうまく話すことができなかったため、教師たちはアインシュタインを知的障害だと考えていました。

「裸の大将」で知られる放浪の画家、**山下清**にもサヴァン症候群の傾向がありました。スケッチもとらず、一度風景を見るだけで、ちぎり絵で風景を再現できました。

1922年生まれの山下清には、軽度の知的障害が見られました。10代になって、彼は千葉県にある知的障害者の施設に入所しています。

清が15歳のときに創作した貼り絵（ちぎり絵）が、その芸術性から注目されましたが、18歳頃から放浪癖が始まりました。

清は、金も画材も持たずに全国を放浪したのです。荷物をリュックに入れて、線路づたいに歩いて行きます。ゆっくりした歩き方で、1里歩いて1時間休むことを繰り返していました。食事は物乞いですませ、駅のベンチで寝泊まりをするのです。

放浪をしているときの心境について清は、「なるべく真っすぐ真っすぐと進んで行って、青々としている空の色や、草や、木の緑色も気持ちがいいので、景色を眺めながら進んで行きました」と述べています。

清は放浪中、1枚のスケッチもメモもとりませんでしたが、その驚異的な記憶力によって、施設に帰って数カ月たってからでも、風景の細かい部分まで再現することができました。

山下清と同じように驚異的な記憶力を示す画家のケースを、神経内科医のオリバー・サックスも報告しています。

沖田×華さんは「音に色を感じる」、「絵に色を感じる」などの**「共感覚」**の持ち主でした。確かなデータはありませんが、発達障害の当事者によく見られると言われています。

その代表例が、詩人の**アルチュール・ランボー**です。世界文学を代表する高名な詩人であるランボーは、数奇な人生を歩んだ人でした。

ランボーは1854年に、フランス北東部にあるシャルルヴィルというベルギーとの国境に近い町で生まれました。父は陸軍の軍人、母は小地主の長女で、兄がひとりいました。

児童期から思春期のランボーが優秀な生徒であったことは、多くの証言から明らかで、学校においては飛び級を繰り返し、何度も成績優秀者として表彰されています。

文学的な才能を10代初めから示していましたが、1871年、17歳のときパリで詩人のポール・ヴェルレーヌと出会ったことが、ランボーの転機となりました。

間もなくふたりは恋愛関係となり同棲生活を送りますが、2年あまりで破局しています。ランボーが詩人として活躍したのはわずか数年間で、その間に**『地獄の季節』**などの代表作を発表したのです。

20代からのランボーは流転の人生を送りました。さまざまな職業を転々とし、ヨーロッパから北アフリカ、中東を放浪し、一時は武器商人をしていましたが、37歳の若さで骨肉《こつにく》腫《しゅ》のために死去しています。

ランボー本人の初期の作品である「母音」という詩には、以下に示すように共感覚の現象が記述されています。

Aは黒、Eは白、Iは赤、Uは緑、Oは青
母音よ　お前たちの秘められた生誕をいつの日か物語ろう
A　猛烈な悪臭の周囲に唸りを立てて飛びまわる
きらめく蝿の　毛むくじゃらの　黒いコルセット　（以下略）

（『ランボー全詩集』筑摩書房 アルチュール・ランボー 宇佐美斉訳）

詩に描写されているのは文字と色の共感覚で、比較的頻度の高い現象です。ランボーのすぐれた文学的な表現には、このような特異な感覚現象が関連していたのかもしれません。

◆ADHDの天才・モーツァルト

ADHDを持った天才のケースもあげておきましょう。

代表的な例は、不世出の音楽家である**モーツァルト**です。

ここでは、モーツァルトの生涯を描いた、ピーター・シェーファーによる戯曲『アマデウス』から、彼の特性を振り返ってみます。

この作品は、モーツァルトの生涯を、同時代の音楽家サリエリの視点から描いているものです。アマデウスとは、「神に愛される」という意味で、モーツァルトのミドルネームでもあります。

物語の冒頭は、老いたサリエリの独白から始まります。彼はモーツァルトの存在をねたみ、彼を抹殺しようとしたと告白するのです（ただし、これは史実とは言えないらしい）。

続く1幕第3場、時代は18世紀にさかのぼり、モーツァルトとサリエリの出会いのシーンが描かれます。サリエリが初めて会ったとき、モーツァルトは未来の花嫁と下品な会話をしていました。

サリエリはモーツァルトの音楽と才能は認めましたが、天賦の才能を持った彼を受け入れることができず、逆にモーツァルトを破滅させようと画策しました。彼はモーツァルトには友人のような態度を示したのですが、裏に回ると、彼の成功や出世を妨害したのでした。

一方、モーツァルトの振る舞いや生活ぶりにも、人々の反感を買う面が多々見られました。彼はいつも落ち着きがなく終始手足を動かし、その甲高い声は人々を不快にさせました。

モーツァルトの物言いはしばしば一方的で周囲の意見を聞こうとしないため、傲慢な人物と見なされて、周囲の人は彼から離れていきました。

モーツァルトは、「下らぬ奴らが先生、先生と呼ばれたがる。クソみたいな肩書きを有難がるのはどうせ屁みたいな奴に決まっている」と暴言を吐く一方で、「親父の言ったことは正しかった。お前は口に南京錠を掛けてろってね、いつも言われていたんです」と、自分の衝動的な言動が問題であることは認識していたのでした。

豊田篤氏の評論『モーツァルト』によれば、実際のモーツァルトも型破りな人物で、家事の処理、金銭の使い方、遊びに興じた際の節度などには無頓着だったようです。モーツァルトはひどく熱中するか物ぐさで、中庸ということがなかったということです。

彼の生徒の回想によれば、**レッスンの途中で急にモーツァルトは跳び上がり、テーブルや椅子をぴょんぴょん跳び越えて、猫の鳴きまねをしてとんぼ返りをした**というのです。

衝動的で落ち着きがなく、ギャンブル好きのモーツァルトはＡＤＨＤの特性を持っていると考えられ、そのような観点から彼の行動を検討することは、重要な視点を提供するかもしれません。

なぜ「専門医なのに誤診」が後を絶たないのか？

◆「二次障害」、「区別」、「医師の問題」

実のところ、著名な精神科医や発達障害の専門医であっても誤診がまれではありません。例えば**「うつ病と診断したけれども、発達障害だった」、「ASDだと診断したが、本当はADHDだった」などということは、しばしば見られています。**

もちろん、私たち自身の診断が絶対に正しいということはありませんし、誤った判断もあることでしょう。

ただ、私たちの外来に紹介されて受診する患者さんを見ていると、多くの先生方には、発達障害の基本的な点が浸透していないように思えます。

発達障害に関する誤診には、いくつかの理由があります。

ひとつは、うつ病をはじめとして、対人恐怖症（社交不安障害）やパニック障害などの不安障害、躁うつ病など、発達障害が原因で起こるさまざまなトラブルをきっかけに生じる、二次障害との関連が問題となります。

このような場合、そうした二次障害に対する診断と治療が先行してしまい、根本的な原因である発達障害が見逃されがちです。こうなると、適切な治療が難しくなることが珍しくありません。

例えば、うつ病と診断されて抗うつ薬を飲み続けたが症状が改善されない、ADHDの治療薬に切り替えたら劇的に改善した、といったケースが実際に存在しています。「うつ病と診断されたものの、実は発達障害だった」ということは、よくある話です。

患者本人が「私はADHDだと思いますが、どうなのでしょうか？」と主治医に言っているにもかかわらず、「いえ、うつ病であることは確実です」、「発達障害というのは考えすぎ」などと言って、正しい診断に行き着かない例が後を絶たないのが現状です。

また、ADHDとASDの区別も、非常に曖昧で難しい面があります。

本章で紹介したように、ADHDなら多動・衝動性と不注意、ASDなら対人関係のトラブルとこだわりの症状など、それぞれ典型的な特性があるのは確かですが、**臨床の場面では、両方を同時に示すようなケースにもひんぱんに出会います。**

例えば「話し出したら止まらない」のは、ＡＤＨＤにもＡＳＤにも見られる症状です。ＡＤＨＤの場合は「思いついたことを言わずにいられない」衝動性が原因であるのに対して、ＡＳＤの場合は「他人に対する無関心、配慮のなさ」が原因ですが、**見かけの症状は同じなのです。**

さらに付け加えるなら、**子どもの場合は両親からの虐待が引き金になり、「愛着障害」といって、ADHDやASDによく似た症状が表れるケースも見られます。**

医師の側の問題もあります。

もともと発達障害の専門医の多くは、自閉症やアスペルガー症候群などのＡＳＤを専門としていました。そのため、診断もＡＳＤ寄りになる傾向があるのですが、実際にはＡＳＤよりもＡＤＨＤのほうが何倍も症例が多いのです。

しかし、これはある程度やむを得ない面があるのかもしれません。

というのは、これまでの児童精神科において治療の対象としていた発達障害は、ＡＳＤの中でももっとも重症の自閉症であり、さらにその多くが知的障害を伴うケースだったからです。

これに対して現在、成人の女性の発達障害においては、主な疾患はＡＤＨＤであることに加えて、知的レベルは正常かそれ以上の例が大部分です。つまり、対象としている患者層が、以前とはまったく異なっているのです。

◆グレーゾーンの難しさ

さらに厄介なことに、「発達障害か、そうでないか」についても、線引きが曖昧です。そもそも精神科の診断には、白黒はっきり付けがたい「グレーゾーン」が多く含まれています。

発達障害も、発達障害という確定的な診断は付かないにしても、発達障害的な特性によって、日常生活に問題を抱えているケースがよくあります。つまり、ASDもADHDも、「スペクトラム」なのです。

例えば、ADHDと断定はできないけれども落ち着きがなくて忘れ物が多い人、ASDと診断するほどではなくても空気が読めずに人の輪に入れない人などは、たくさんいます。発達障害とそうでない人の間には明確な区別が存在しているわけではなく、さまざまなグラデーションが存在しています。

そのため、「この一線を超えたら発達障害」という線引きは、医師ごと、病院ごとに委ねられています。

ある病院では「発達障害でない」と言われ、別の病院では「発達障害だ」と言われるケースも少なくありません。

しかし、発達障害に限らず、ほとんどの精神科の疾患には数値で表せる明確な指標は存在していません。血液検査の数値など、なんらかの検査で白黒付けられるわけではないのです。

それでも、現在の症状とこれまでの経過について多くの「情報」が手に入るなら、ほぼ間違いのない診断が下せると思います。

しかし、それには本人の子ども時代にまでさかのぼって、話を聞かなくてはなりません。本人の記憶が曖昧なことも多いし、本人は「私は普通の子だった」と思っていても、周囲は「すごく変わった子だった」と思っているケースも多く、なかなか簡単なことではありません。

現実には、情報不足によりグレーゾーンとして扱わなければいけないケースであっても、情報が揃ったことで、後になってから発達障害だと確定するケースがあることは、十分に考えられます。

さらに、情報を得るにあたって、親などの近親者が必ずしも当てにならないことも、大きな問題です。非常に熱心な家族も存在している一方で、子ども時代のことはよく覚えていないという親や、そもそも発達障害の存在そのものを頭から否定する人も存在しているからです。

◆「治らない」けど「コントロール可能」

繰り返しになりますが、発達障害は生まれつきのものですから、「治す」という言い方は適切ではありません。

しかし、本人にその意志があるなら、日常生活で問題が起こらないように、問題となる部分をカバーすることは可能です。

それにはまず、自分の特性を理解することが大切です。さまざまなトラブルは、その自らの特性が原因で起きている、ということを知る。その上で、どうしたらトラブルを防げるか、具体的に考えていくことになります。

たとえば「上司の指示をすぐ忘れてしまう」なら、すぐに「**メモを取る**」。

「マルチタスクが苦手」なら、「**複数の仕事を同時に進めるのではなく、ひとつの仕事を終えてから次の仕事にとりかかる**」**習慣をつける。**

自分が上司の立場なら、ＡＳＤの人に出す指示は、できる限り具体的にします。例えば、期日はいつなのか、他の仕事より優先するべきなのか。

「適当にやっておいて」は、ＡＳＤの人には厳禁です。文字通りに解釈して、「いい加減に」仕事をしてしまうかもしれません。

こうした工夫そのものが難しい環境であるなら、今度は環境を変えることを考えます。極端な話ですが、対人関係が苦手なＡＳＤの人も、「研究室にこもりきりで、他人と交流しなくていい」といった環境で働けるのであれば、問題は顕在化しないかもしれません。

実際、高名な科学者や研究者において、ＡＳＤの特徴を持つ人は少なくありません。それどころか、ダーウィンやアインシュタイン、ヴィトゲンシュタインなど、世界的な著名人も存在しているのです。

ＡＳＤでもＡＤＨＤでも、多くの場合、理解力自体は普通に持っています。何が問題で、どうすれば解決できるのかさえ理解できれば、対処できる場合が大半です。

一方で、こんなケースもあります。

ＡＤＨＤの人には、わからないというより、アドバイスを「受け入れたくない」人が全体の2〜3割はいます。アドバイスの内容そのものは理解できでも、やりたくない、やろうとしない。**人の言うことを聞きたくないのです。**

これには自分の意志を押し通そうとする傾向が強いこともありますが、そもそも他の人の話を聞くことが得意ではないのです。

ASDの人は、変えたくても、「変えようがない」ケースもあります。いくら能力が高くても、**「マイルール」へのこだわりが強いと、変えた方がいいとわかっていても、なかなか変えられません。**

あるASDの女性は、非常に高い能力がありました。大学を卒業して10年以上のブランクのある主婦だったのですが、大学の研究室でアルバイトを始めると、英語論文を書いて海外の雑誌に掲載されるほどになりました。

しかし、対人関係がまるで苦手でした。研究室のトップに理解があるため長く勤めていられるのですが、対人関係が改善する様子は見られません。

「こうしてみたら」と私がアドバイスをしているのですが、なかなか周囲との関係を変えることができません。そのため、研究成果をあげてはいますが、彼女はほとんどひとりで仕事をしています。

4章

家庭・職場での「やってはいけない」と対応のポイント

(沖田×華の場合)行動に「目的」や「順番」や「儀式」を作ると安心する
例 人の悩みを「まじめな顔をして」聞くごっこ
びふぉあー
ーでもう止めようかなって・・
おい！話聞いてないやろ!!
ふわ〜
すぐあくびでバレてた
あふたー
ーでもう止めようかなって・・
ブツブツ
じー
うんうん
にんじんさーん
ごぼーさん穴ーのあいたー
脳内で「相手の顔にラクガキをしてる想像」をするとまじめに見えるらしい

自分が発達障害である場合

◆たったひとつの情報を鵜呑みにしない

ここ数年で、発達障害を扱った書籍やテレビ、ネットの記事が増えました。しかし、そこで書かれている内容は玉石混交です。信頼していい情報もあれば、ちょっとこれはどうかという情報もありますし、明らかに誤っているものも見られます。

なかにはADHDとASDを区別せず、発達障害として一くくりにしているようなケースもあるほどです。特にテレビ番組はこのようなつくりをしていることがあり、注意が必要です（もちろん正確な番組もあります）。

大切なのは、ひとつの情報に飛びつかないこと、鵜呑みにしないことです。

自分は発達障害なのか、どんな対処が必要なのか、病院にかかるべきなのか。これはいずれも難しい問題を含んでいます。

診察にやってきた患者さんの話を聞く限り、複数の情報を見比べる作業ができた人は、お

おおむね順調に治療が進んでいる印象があります。

一方で、特定の情報に振り回された人は、高価なサプリや、効果の定まっていない治療法にはまってしまっていることも珍しくありません。

◆医師の診断に納得いかないときは

対談した坂上さんは、医師に「気のせいでは？」、「そういう本（発達障害関係の本）を読んでいるから、（自分はＡＤＨＤだと）そう思うのでは？」と言われ、抜きがたい不信感を抱いたそうです。

私のところにも「別の病院でアスペルガー症候群と診断されたが、違う気がする」、「うつ病と診断されて長年治療を受けてきたけれども、発達障害ではないか」などと言って、医師の診断に納得がいかない人がやってきます。

3章でも少し触れましたが、なぜ、専門家であるはずの医師の診断に、納得がいかないのでしょう。

第一には、医療の側の問題があります。

そもそも現段階では、**発達障害をしっかり診断できる医師の数は限られています。**

また、典型的な症状を示しているならスムーズに診断が付くかもしれませんが、臨床の場面では、症状の表れ方も複雑です。このような場合、はっきりとした診断が下せない事情を説明しているかどうかで、患者の納得感は違うでしょう。

発達障害の診断は、ASDにおいても、ADHDにおいても、他の疾患と比較して、格別困難さが大きいということはありません。ただ、問題となる点は、**現在現役である精神科医の多くは、過去に発達障害について、特に成人期の発達障害について、ほとんど教育を受けていない**という事実があることです。

成人期の発達障害が認識されるようになったのは、欧米では1990年代頃から、日本においては、2000年以降のことになります。このため多くの医師は、基本的な教育を受けていないのです。

こういう事情により、そういった医師が知識不足のため、発達障害の診断や治療に躊躇したり、適切な説明ができなかったりすることが起きているのです。こうした状況はしばらく続くものと思います。

また、忙しい病院の医師がろくに診察もせず断定したり、「あなたはパーソナリティ障害だ」と言って追い返したり、といった場合もあります。もちろんこれは病院の対応に問題があるのですが、なぜそんなことが起きるのか、参考までに事情をご説明しておきます。

発達障害の患者さんの中には、非常に長い病歴の方が少なくありません。例えば、幼少期からトラブルを起こし、社会に出てからも職を転々としてきた、というようなケースです。こうした患者さんは、数多くの病院を受診し、さまざまな診断と治療を受けていることが普通です。

診療にあたっては、このような病歴や治療歴を一つひとつ確認することになります。投薬を受けている場合は、その効果や副作用を確認することも重要です。

そうなると、幼少期から現在までの経過について、丁寧に話を聞いていく必要がありますが、これにはかなりの時間が必要です。しかし、医師がひとりで運営しているような、小さな民間のクリニックには、とてもその時間がありません。

大学病院でさえ、初診にかけられるのは1時間から1時間半が普通です。おそらく、時間に追われている一般の民間のクリニックなら、長くて30分というところでしょう。そのため、クリニックの医師は不十分な問診によって診断を下す必要があり、どうしても正確な評価や診断に至らないことが多いのです。

当事者として納得できる診断を得るには、大学病院などで、しっかり経過を話す機会が必要だと思います。

とはいえ正直なところ、大学病院や専門外来を持っている病院においても、その診療レベルは、玉石混交であるのが実情です。

子どもの発達障害を診る児童精神科も少ないのですが、大人の発達障害を専門にしている医療機関はさらに少なくなります。また、発達障害を診ているといっても、医師の情熱や力量には、かなりの濃淡があります。

そうなると現状では、坂上さんがそうしたように、信頼できる病院や医師を見つけるまで、何カ所か通わざるを得ないと思います。

一般的には、「ドクターショッピング（医療機関を次々に変えること、同時に複数の病院を受診すること）」を勧めたくはないのですが、私の外来を受診する患者を見ても、いくつかの精神科クリニックや病院を経てやっとたどり着いたケースが大半です。

最終的に、納得を得るために必要なことは、**診断の根拠について聞くことです。**そこで「なるほど」と思える説明があるかどうかが重要です。診断の根拠を示さない医師は、信用できないことが多いと思います。

◆患者としての心がけ

一方で、発達障害の治療がうまくいくかどうかは、患者さん次第のところもあります。

発達障害の治療に、通常、緊急性はありません。むしろある程度の時間をかけて、生活の改善のために取り組むという姿勢が必要です。発達障害の治療は、本人が発達障害であることを認めて、積極的に治療していこうという熱意がないと継続しません。

問題が顕在化する前から、多くは幼少期の頃からの話を本人に聞く必要がありますが、実際の診療の場面では、本人の対応は千差万別です。そこで本人が投げやりな態度だと、医師も手の打ちようがありません。

例えば、予約の時間に遅刻を繰り返したり、「来たくないけど会社に命令された」という、いかにも非協力的な態度で受診したりする患者も、一部にはいます。

そうなると病院側も、対応の仕方が難しくなります。特に小さなクリニックはひとりの患者さんに割ける時間が限られていますから、効果のある診察をするためには患者側の協力が不可欠です。

あるＡＤＨＤの男性は、１年ほど真面目に通院しながら自治体の障害者雇用で働いていたのですが、仕事を辞めた後、急に遅刻やドタキャンをするようになりました。服用していたＡＤＨＤの治療薬を自分でやめてしまい、診察室に入った途端に睡眠薬の処方を大量に要求したり、毎回「自分の病名は本当は何なんだ」と同じことを繰り返して聞いたりするようになりました。

この人は、いくら説明をしてもなかなか納得しようとせずに、自分の主張ばかり繰り返すようになり、自分がどんなに苦しい毎日を過ごしているかを長々と話すのです。こうなるとなかなか対応が難しく、医師も深く関わることができません。

◆「特性への理解」……家族や友人に求めるもの

先ほど、「周囲の人間も、発達障害の当事者のできること・できないことを理解し、その特性を活かせるよう、協力するのが理想」と述べました。そのために当事者は、どんなふうに働きかけるのがいいのでしょうか?

まず大前提ですが、例えば異性のパートナーについては、最初から理解のある相手を選べるなら、それに越したことはありません。

沖田×華《ばっか》さんは**「パートナーにするならバツイチ、子育て経験のある男」**と明解に答えてくれました。人生経験が豊富で、発達障害の人が「できない」ことを補えて、「古めかしい女性の役割」を押しつけない人がいい、ということだと思います。

私も、恋愛や結婚については、少なくとも発達障害の特性を相手が理解していないと長続きはしないと思います。

患者さんには**「相手に病名を言うかどうかは別として、あなたの特性について理解ある方を選びなさい」**とアドバイスします。発達障害的な特性も含めて受け入れてもらうことが何よりも重要です。

相手は、これから長い時間、共に生活することになる、いわば人生のパートナーです。片づけができない、家事も好きではないし、育児もおそらく苦手、といった特性をそのまま受け入れてもらえるかどうか。また、発達障害の特性によって苦手としていることを補ってくれるかどうかも考えておくことが必要です。

逆に言うと、そのようなパートナーが得られたら、発達障害の女性にとって、これ以上に心強い支えはありません。しかし現実には、結婚するとガラッと態度を変えて、男性優位の目線で女性を扱う場合も珍しくはありません。

対談中、沖田×華さんが**「自分の認知の歪みを逐一直してくれるパートナーが絶対に必要。私は旦那がいなかったら漫画家をやれていない。そういう歪みは、自分では一生気がつかない」**と断言していたのは印象的でした。

実際、そうしてくれるパートナーを得て、仕事でも家庭でもトラブルなく過ごしている発達障害の女性も多くいます。沖田さんのご家庭のように、男性が家事一切を引き受けている家庭は、理想的だと思います。

ある研究所勤務の女性の例です。彼女は一般企業に勤務し、仕事の能力は高い、いわゆる「理系女子」なのですが、家事は一切ダメで、部屋も散らかりっぱなしです。金銭管理もできない人ですが、団体職員の夫はこうした彼女を良くフォローし、家事のほとんどをやっているので、夫婦関係は円満です。

恋愛や結婚に比べると、友人関係はまだハードルが低いです。約束を破ったり遅刻したりもあるかもしれませんが、たまにだったら許せる、という友人はいるでしょう。恋愛や結婚のパートナーの負担が大きいのは、それが毎日のことになるからです。

発達障害の当事者どうしの友人関係は、一般的には良いことだと思います。

デイケアや病院、あるいは就労訓練のための事業所に通い始めると、自分と同じような特性の人と知り合う機会ができます。逆に言うと、そういった施設に通うようになるまでは、当事者どうしのつきあいというのは意外に少ないものです。

烏山病院のグループワークに参加した人に話を聞くと、一番多い感想は「自分と同じような症状、問題を持った人が話し相手になってくれて、励みになった」というものです。自分と同じような特徴を持った人と会えたことが新鮮であったという感想も、多くあります。

またグループでは「自分にはこんな問題があって、こんな失敗をしました。こう対処しました」といったことを具体的に一つひとつ話し合うため、発達障害についての理解が深まります。

坂上さんは「**お互いを肯定し合うこと、お互いに経験を共有することで『自分だけじゃないんだ』という安心感を得られました**」と話していました。

ただ、当事者どうしの集まりが難しいのは、統制された場でないと、お互いにトラブルを引き起こしやすいことです。

発達障害の特性が災いするということもありますし、恋愛対象を求めにやってくるなど下心を抱えている人の行動にすばやく対処できないことも起こります。また精神的に不安定になりやすい人は、周囲の人を巻き込んでしまうこともしばしばあります。

その点、病院には医師がいますし、他のスタッフもいます。問題が起きればすぐ介入することが可能ですし、特定の人をシャットアウトすることもあります。うつ病などの症状を併発した場合は、休養入院も可能です。

◆周囲の「理解」が必要とは限らない

それでは、残念ながら発達障害について理解しようとしない家族や職場とは、どう接するべきなのでしょう。

特に家族の反応は両極端です。

非常に保護的で、発達障害のことも良く理解した上でサポートしてくれる家族もいる一方で、まるで無関心だったり、発達障害を否定しにかかったりする家族もいます。そのように最初から理解を拒否しているような人たちに理解を求めるのは、なかなか難しいのが現実です。

それでも、日本社会において発達障害の理解が少しずつ浸透してきているのは確かです。**以前は精神科の医師にすら、「発達障害なんて、そんなもの本当にあるの？　メディアの話題づくりでは？」と平気で言う人が少なからずいたことを思えば、大きな進歩です。**

最近の日本社会においては、発達障害という現象が実在することや、どんな症状が表れるのかなどについて、理解されてきているという実感があります。

しかし、ここで大切なのは、**「必ずしも理解し合わなくても生活は続けられる」**ということです。

ある発達障害の女性は高学歴で、以前に正社員として商社などでの勤務歴もあり、物事をロジカルに追究する能力の極めて高い人なのですが、家庭では夫に完全に服従していました。

お金の管理もぜんぶ夫がしていて、女性はお小遣いをもらうだけ。夫からは「お前なんか、発達障害の分際で」などと、ひどいモラハラ発言もありました。

当初、女性はそんな境遇を特に不満なく受け入れていたのですが、あるとき、「こんな扱いはおかしい！」と気がついて、離婚を思い立ちました。今は、自立に向けて就職活動をしているところです。

興味深いのは、彼女が懸命に自立して働こうとしている姿を見て、夫の態度が変わり始めたことです。発達障害について理解をしたわけではなさそうですが、「働いて収入を家に入れてくれたら、それでいい」と考えているようで、夫婦関係が変化しつつあります。

次はADHDの男性のケースです。

彼はADHDの治療薬を飲みながら金融関係の会社でしっかり働いているのですが、家では妻の話をきちんと聞こうとしませんでした。奥さんに頼まれたことをやりませんし、すると約束したことも忘れてしまうのです。しかも、お子さんにもADHDの疑いがあるため、奥さんとしてはたまりません。

長年の夫婦間の不和が高じて、妻は、「とても一緒にはやっていけない」ということで、今は別居をしています。しかし、離婚するという話には進展しませんでした。この夫婦は別居してからの方がお互いに協力できるようになり、ひんぱんに会っては子どもの治療や教育をどうしたらいいいか相談を繰り返しています。

どちらのケースも、「相手の理解」を求めるより、「現実的にどう暮らしていくか」が問題となっている点が、共通しています。

理解のないパートナーと別れて自立する道を選ぶのか、理解してもらうのは諦めて、折り合いをつける道を選ぶのか。どちらの道が正解とは言えません。本人だけでなく、パートナーの考えや感情も変化していくものだからです。

◆打ち明けないほうがいい職場もある

家族に対しては、発達障害の診断が下った時点で正確に打ち明けるべきです。

それでは、職場ではどうするべきでしょう。「自分は発達障害だ」とカミングアウトしたほうがいいか？

結論から言うと、これはケースバイケースです。もちろん障害者雇用なら職場には告知されているわけで、具体的な症状や問題について積極的に話すべきですが、一般雇用の場合は、どこまで話すか吟味する必要があります。もちろん、まったく話さないという選択肢もありえます。

沖田×華さんや小島慶子さん、また経済評論家の勝間和代さんなど、発達障害をカミングアウトする女性が増えています。それが発達障害の理解を世間に促す力になっていることは確かです。

しかし現実には、「打ち明けても理解してもらえないかもしれない」、「仕事を続けられないかもしれない」と心配に思う気持ちは、多くの当事者が抱えています。残念ながら、その不安が的中することもあると思います。

いまだに、発達障害に苦しんでいる人を前にして、「サボっているのでは」、「努力が足りない」、「そんな病気があるわけない」といった差別や偏見の言葉を口にする人もいます。

カミングアウトしたことで退職に追い込まれたケースもあります。異動だけならともかく、「辞めろ」と言われたら死活問題です。また退職にならないまでも、障害者雇用への切り替えを強く求められた例も見られました。

現実には、多くの発達障害の当事者が、カミングアウトしないという道を選んでいます。

時折、問題が起きることがあったとしても、業務がある程度こなせているなら、会社から問題視されることもありません。

仕事においては、本人が自分の特性を理解して、問題となる状況にうまく対応策を考えていくことが何よりも重要です。ADHDにおいては、薬物療法により良い効果が見られることも少なくありません。

反面、幸いにも従業員どうしでサポートし合う文化が浸透している職場なら、周囲の理解と協力を得るために、カミングアウトする道はあると思います。業務内容を配慮してくれたり、場合によっては、得意な部署に異動をする選択肢を提示されたりするかもしれません。

ときには、職場の人に連れられて専門外来にやってくる人もいます。診察で得た情報は患者の個人情報ですから職場の人にすべてを話すことはありませんが、本人の了解を得た上で、「こんなところに気をつけてください」と情報を共有することもあります。

こうした点は、会社によって大きく異なっています。

一般的には、ＩＴ関係の大企業は比較的理解が進んでいる印象があります。

◆障害者雇用という選択肢

最初から発達障害の特性を理解してもらえる環境で働きたい場合には、障害者雇用という選択肢があります。

一般雇用の場合、配属や転勤などにおいて、どうしても他の従業員と同じように扱われます。職種の選択の幅は広いものがあり、努力次第で昇進も可能ですが、個人の特性や希望を配慮してもらえる範囲は狭くなります。

一方、障害者雇用においては、多くの場合、職種の幅は軽作業や事務の補助などに限られており、待遇にも制限がありますが、周囲の人に特性を理解してもらえる利点がありま す。障害者雇用に対する理解や考え方は、企業によってかなりの濃淡がありますが、今後より拡充していくものと考えられます。

このところ、障害者雇用が一般に浸透し、企業に雇用される障害者の数は年々増加しています。

障害者雇用の対象になるのは、障害者手帳を取得している人です。従来の障害者雇用は知的障害や身体障害に限られていましたが、今は精神疾患も対象になっています。

この制度は、発達障害の当事者が働く上では、とてもいい制度だと私は思います。当事者にとってのメリットは前述の通りですし、企業の側にとっても大きなメリットがあります。つまり、発達障害の特性はあるものの知的レベルの高い従業員に、一般雇用より低めの賃金で活躍してもらえるからです。

能力の高いＡＳＤやＡＤＨＤの人は、障害者雇用を足がかりにして社会経験を積み、数年後に一般の雇用にステップアップすることも可能ですし、実際にそういうケースも見られています。

現在は、大企業やその系列の会社が、積極的に障害者雇用を行っています。私が見るところ、**伝統的な企業よりも、ＩＴ関係など新興企業のほうが、障害者雇用のメリットを理解している印象があります。**

この数年、官公庁も採用を増やしています。ある地方公務員の女性は感覚過敏のために、周囲がうるさいと仕事がうまくできないのですが、フロアの隅に仕切りを作るなどの配慮をしてもらっているそうです。

とはいうものの、公務員においても、部署によってかなり扱いが異なるのは確かです。非常に丁寧に対応してくれる官庁もあります。その一方で、ある国立大学の職場においては、相談員もジョブコーチの制度もなく、発達障害の知識をまったく持たない上司が、一方的な指示を出すだけなので、そこに就職した女性は大変な苦労をしていました。

発達障害の人の就労については、**「就労移行支援事業」**というシステムを利用する方法もあります。

就労移行支援事業とは、NPO法人や社会福祉法人、株式会社などが運営する施設で、仕事上の訓練を行うものです。株式会社Kaienなど、発達障害に特化した就労移行支援もあります。

障害者雇用を目指すにあたっても、就労移行支援の利用はお勧めできます。職探しにおいても、その後のサポートにおいても、継続して相談することが可能だからです。

もちろん、就労移行支援を利用せず、ハローワークなどで調べて応募する人もいます。

あるASDの男性は、大学卒業後の数年間、引きこもっていたのですが、就労移行支援を受け、今は民間の会社で事務の手伝いをしています。

彼は重度のゲームオタクで、空いた時間すべてをゲームに費やしているほどですが、能力は高く、仕事は問題なくこなしています。対人関係が嫌いで、宴会の類には一切参加しませんでしたが、勤務しているうちに多少は慣れてきて、最近では歓送迎会の幹事を頼まれるまでになっています。

障害者雇用というと、これまで身体障害、知的障害の方が利用するもの、というイメージが強くありました。しかし今では、発達障害にも門戸は開いていますし、**企業によっては発達障害を中心に雇用しています。**

もちろん、障害者雇用といっても仕事は仕事です。それなりに大変なこともあります。それでも「仕事を続けたい」、「しっかりした社会生活を送りたい」というモチベーションのある人なら、仕事を続けられると思いますし、**実際に継続率はかなり高率です。**

◆職場には「薄く入る」

前述しましたが、職場で対人関係のトラブルを起こしやすい人には、

「まず、相手の話をちゃんと聞きましょう。話したいことがあっても、相手が話しているときにかぶせて話してはいけません。それがむずかしければ、特に上司が話しているときにはしゃべらず、黙っていなさい」

と、アドバイスしています。

残念なことに、いまだに日本では、やまとなでしこタイプが理想の女性像です。一歩下がって男性より前に出ず、陰ながらサポートする。このような振る舞いが、ASDにおいても、ADHDにおいても、発達障害の女性には難しいわけですが、それでも、世間にそうした理想があるということを最低限理解しておかないと、職場ではかなり不利に

扱われます。

せめて、上司に反論しないように注意しましょう。

特に、人前ではっきりと反論したら「アウト」です。

この場合、上司は他の人の前で恥をかかされたと感じるわけで、恨まれ、後々まで尾を引くことも珍しくないでしょう。仕事をしている方は、このあたりは皮膚感覚でご理解いただけると思いますが、たいていの場合、これが日本の企業文化なのです。


それから、ボスより決して目立たないことです。

沖田さんが言われていたように、職場はひとつの部族のようなものであり、必ずボスがいます。そのボスより必要もないのに目立つのは得策ではありません。

コツとしては、その場にいるかいないか気づかれないぐらいに、「薄く入る」こと。

特にADHDの人は声が大きく、普通にしているだけで目立つことが多いのですが、意識してその逆を演じてみましょう。

目立つだけで目をつけられてしまうというのは、日本の学校でも職場でも、変わらず見られる現象です。発達障害の特性を持っていると、周囲から浮かび上がりやすいので注意が必要です。

わが子、家族が発達障害である場合

◆理解より「問題解決」を

小学校低学年では、本人が発達障害について理解するのは難しいでしょう。多少なりとも認識するのは、早くても小学校高学年からだと思います。

親が子供に説明するにしても、「発達障害」という言葉を使う必要はないと思います。

発達「障害」という言葉のインパクトが強すぎるからです。本人も拒否反応を示し、自分が発達障害だと認めたがらないかもしれません。

「あなたにはこういう特性があって、他の人とこんなふうに違うから、こんな場面ではこう気をつけたほうがいい」

このように、日常のトラブルについて解決していく具体的な話し合いをするのがいいと思います。

発達障害そのものの理解より、問題解決を優先しましょう。

◆診断が付いたら学校に相談

病院などで発達障害の診断が付いたら、学校には伝える必要があります。学校にスクールカウンセラーが在籍する場合もありますし、その学校にいなかったとしても、定期的に近隣校のスクールカウンセラーが来て、相談できる環境にあることが多いと思います。

ただし、スクールカウンセラーが発達障害の知識をしっかりと備えているかどうかは、わかりません。またどれくらいの個別の配慮が望めるかは、学校によって異なります。

しかし、一定のプラスの効果は期待してもいいと思います。例えば、ＡＤＨＤや学習障害の場合、試験時間を若干延ばしてもらうことなどが行われています。

私が見聞きした範囲でも、病院からの診断書があるだけで、さまざまなルールをゆるくしてくれる場合があります。

例えば、学校に診断書を提出することで、遅刻や欠席が多くて退学処分になるところを大目に見てくれた、出席日数が足りず進級できないところをレポート提出で許してもらった、などです。

大学生の場合でも、保健管理センターに相談すると、講義をすべて録音したり録画したりする許可をもらえるなど、さまざまなことが可能になる例がありました。保健管理センターの心理相談員が、担当の教官との橋渡しをしてくれることが多いと思います。

◆性被害を避けるために

ＡＳＤに顕著ですが、これまで述べてきたように、発達障害の人は、人の言葉の裏が読めず、言葉を真に受けてしまう、信じてしまう傾向が強くあります。その結果として性被害が起こりやすいのです。

同じ理由で、詐欺などの被害にも遭いやすいと推測されます。

まずは、そのような危険があるということを親なり教師なりが指導することが大切です。また、「知らない人に声をかけられたら警戒しなさい」など、具体的なルールを作ることです。言葉の裏を読むのは難しくても、こういうときに性被害が起こりやすい、こういうときはお金のトラブルが起きやすいと、パターンを覚えることならできるからです。

◆叱るより「離れる」

私がいつもご家族にアドバイスしているのは、「無理に子供の行動を直そうとしない」ことです。

一度は注意することが必要です。でも、その後も問題行動が続くようなら、いったんは子供から離れるように指示します。家族との関係性を悪くしないことが、一番だからです。

同じ注意や叱責が何度も続けば、相手も反論してくるでしょうし、やがて感情的になって、お互いに罵声を浴びせ合うことになりかねません。毎日顔を合わせる家族とそんなことをしていたら、誰だってイヤになります。

しかし、これが実によくあるパターンなのです。

「なんとか子供の問題を解決したい」という親心があるのはわかります。でも、口で注意して行動が変わるぐらいなら、とっくに解決しているはずです。注意することがそのまま感情をぶつけ合うことになってしまうのでは、親子関係を悪化させるだけです。

例えば、買い物依存症を治すよう注意をしたとします。治ったように見えることもあるかもしれません。でも現実には、家族から隠れたところでいくらでも買い物は続けられますし、カードローンだって借りられます。親の金を盗む例もありました。

最終的には、本人が「これはまずい」と自覚して、自分から「変わろう」と思わない限り、本人の行動は変わりません。

親が援助する姿勢は大切ですが、同時に「家族が口で言っても、簡単には変わらない」ことは認識しなければいけません。家族にできないからこそ、病院など他のアプローチが用意されている、と考えてください。

実はASDやADHDの治療をきちんとすることによって、さまざまな問題行動が少なくなっていくことは珍しくないのです。

そして一番避けたいのは、繰り返しになりますが、家族間の関係が悪くなることです。病院で治療をするにしても、家族との関係が良好のほうが、問題の解決につながりやすいことは明らかです。口ゲンカばかりしていたら、治療の相談もできませんから。

父親と3人の子ども、合わせて4人が発達障害、というご家族の話です。息子さんふたりは、学力は十分なのですが、まったく勉強しないで家に引きこもりの状態。

特に長男は父親に反抗的で、「俺が勉強できないのは、親父のせいだ！」と父親を非難してばかりいます。

娘さんは、軽度の知的障害とASDを抱えています。

また、このお父さんがしょっちゅう子どもを説教するので、親子関係は険悪になる一方でした。実は父親にも、ASDとADHDの両方の特性がありました。

「もう何も言わないようにしてください」と私から再三指示しているのですが、どうしても彼は小言を繰り返すことをやめられないようです。

父の職場での適応は治療によって改善しましたが、子どもたちの発達障害は、なかなか改善が見られないままでした。

職場や周りに発達障害者がいる場合

◆上司や同僚が「やってはいけないこと」

対談した3人の女性からは、

「聴覚過敏の人が、仕事中にイヤホンをすることを許してあげてほしい」
「飲み会は苦手」
「発達障害だからといって天才だと思い込まないでほしい」

といった要望の声があがりました。

職場には、発達障害の特性からくる問題を理解し、解決していく姿勢が求められます。それでも明らかに仕事のパフォーマンスが悪いときなどは、会社の管理部門が関わる必要が出てきます。上司は会社の産業医に相談し、産業医は必要に応じて専門医への受診を指示することになります。

このとき、上司がやってはいけないのは「素人判断」です。

人事や産業医に必ず相談し、一緒に対応を考えることが欠かせません。

発達障害の人の処遇には、本人の症状や重症度、職場の雰囲気や業務内容など、さまざまな要因が絡んできます。上司ひとりが背負うべき問題ではありませんし、実際、解決も困難です。

同僚の場合は、完全に「何もしない」ほうがいいでしょう。できるのは個人的にサポートすることだけになります。より根本的な、「発達障害の当事者がいることで職場のパフォーマンスが落ちている」という問題に対処できるのは、職場の管理者です。

また、「あの人、アスペじゃない？」などと、まわりにほのめかすのも、職場のいじめにつながる危険があるため、絶対に避けるべきです。

◆社内に産業医がいない場合

50名以上の従業員を雇用している企業は、産業医を置くことが義務づけられています。**産業医がいる場合は、まず相談してみるべきです。**

では、産業医のいない中小企業ではどう対応すればいいのでしょう。

やはり素人判断は禁物ですから、精神科クリニックなどの専門医を受診するよう促すことなります。この場合、上司がクリニックに付き添うこともありますが、ご家族に相談するなどワンクッションを置いたほうが、治療はスムーズに進むでしょう。

また会社の近くのクリニックよりは、発達障害の治療に実績のある病院を探すのがベターです。

医師も判断を間違うことがありますし、患者との相性もあるので、「この病院が100％適切である」とは言い切れません。発達障害の専門医でなくても、懇切丁寧に診てくれる病院や、わからなければ別の病院に紹介状を書いてくれるところもあります。それは医師の熱心さによります。

◆昭和大学附属烏山病院の取り組み

ここでは筆者の所属する昭和大学附属烏山病院（以下、烏山病院）における、成人期の発達障害に対する治療的な取り組みについて紹介します。

烏山病院では、平成20年より発達障害専門外来とデイケアを開設し、その後ADHDの専門外来を開設しています。発達障害専門外来は、アスペルガー症候群などASDを主な対象としたものですが、受診希望者は増加の一途をたどっています。またADHD外来も、同様の状況で予約が難しい状態が続いています。

平成26年から3年間の統計では、ASD患者の平均年齢は28・9歳で、就労年齢といわれる層に属していますが、就労をしていない人は62・1％でした。その大部分が就労を希望していますが、心理社会的治療を通常の外来治療で行うことには限界があるため、デイケアにおいて専門プログラムを提供しています。

プログラムの詳細について表に示しました。就労者向けプログラムでは、就労を維持するために、それぞれの障害に対する自己理解を高めるプログラムを提供しています。

未就労者に対しては、就労準備のためのプログラムを提供するとともに、担当スタッフにより、生活や就労の相談、グループ参加者間で生じた課題について振り返り、対処能力が身につくように個別面接を行っています。

また、雇用の場を提供することに加えて、就労支援のあり方を検討するために、平成24年より、デイケア卒業生を昭和大学の職員として障害者雇用を行うことを試みています。

◆ASDの男性のケース

ここでは烏山病院で治療を行ったASDの症例について記します。男性の例ですが、典型的なケースなので参考になると思います。

幼少期より、他者となじめず「変わっている」と言われ続けてきた人です。

【昭和大学附属烏山病院の取り組み】

グループ		特徴
ASD専門プログラム	就労者	隔週土曜　3グループ
	未就労者①	平日毎週　1グループ
	未就労者②	知的な遅れがあり、大集団を好まない者が対象
ADHD専門プログラム	就労者	隔週土曜　2グループ
	未就労者	平日毎週　1グループ
一般デイケア		「生活支援プログラム」「就労準備プログラム」の中から選択。他疾患と合同。専門プログラム卒業生も多く通所。
OB会		専門プログラム卒業生のグループ。2カ月に1回程度開催。現在10グループが活動中。
家族会		発達障害家族会「烏山東風の会」が平成23年に開始。会報誌の発行や家族相談会実施等 https://www.kochinokai.com/

本人は何が周囲と違うのかがわかりませんでした。小学校では忘れ物や、集団行動ができないことを教師から指摘されることが続き、中学校に上がるといじめの被害に遭い不登校になりました。

けれども学業は非常に優秀で大学院まで進学しましたが、他の学生とともに長時間の作業をする環境に適応できずに中退となりました。

その後は、接客やデータ入力の仕事に就くものの、職場での人間関係や突然の残業、緊張の張り詰めた環境によって気分の落ち込みが強くなり、出社できなくなり退職となっています。

医療機関を何カ所か受診し、うつ病と診断され服薬治療を続けましたが、改善は見られませんでした。昼夜逆転で引きこもりの生活が、5年あまり続きました。母が発達障害の書籍を読み、本人の症状と当てはまることが多いと気づいて烏山病院を受診、ASDの診断を受けました。

まもなく、主治医の勧めで、デイケア通所を開始しました。デイケアに通うことによって、生活リズムが格段に良くなりました。しばらく通うと、休憩時間にゲームや麻雀をやる仲間ができるなど、知り合いが増えていきました。

この頃には、気分の落ち込みも改善されていきました。ASD専門プログラムにも参加し、具体的なスキル訓練にも取り組むようになったのです。

本人は、「デイケアに通う以前は、『普通』になることを目標としていた」と言います。しかし**「通院を開始して、発達障害であるということを受け入れ、『普通』というこだわりを持たなくなっていった」**と、専門プログラム終了後に述べています。

デイケア通所より2年後、烏山病院が障害者枠で職員を募集していることを知り、応募を決意します。採用が決まり、経理や検査データの入力等の業務を担うことになりました。

対人関係や体力面の不安はあったものの、勤務時間を時短勤務（6時間）から始めたこと、専門プログラムOB会に参加し対処を相談できたこと、自身の得手不得手を他者に説明できるようになり同僚と上手につきあえたことなどにより、仕事にも適応ができフルタイム勤務となりました。

数年後、より専門的な仕事に従事できるようステップアップするため、烏山病院から別の総合病院に異動しました。その後、職場結婚をし、第一子が誕生しています。子育てでは、想定外なことが起きるため苦戦はしていますが、就労は継続しています。

◆ADHDの就労上の困難さ

成人期のADHDについても、就労は大きな課題です。過去の研究では、ADHDにおいては、職業遂行能力の低さや職業的地位の低さ、雇用の不安定さ、欠勤日数の多さが見られることが報告されています。

米国においては、ADHDが職業機能に大きな影響を与えることが広く認識されつつあり、ADHDに対する就労支援体制を構築することが強く求められています。日本においても、同様の課題がようやく認識され始めました。

ここでは、烏山病院のADHD専門プログラムに参加したADHDの人における就労上の困難さを調査した結果を述べます。

平成25年から烏山病院デイケアではADHD専門プログラムを実施し、注意の問題や多動性、衝動性といったADHD症状の困難さや対処法に関する検討を重ねてきました。

この専門プログラムは1グループ10名前後を定員とし、スタッフが2名参加、1回3時間で全12回施行しています。平成25年以降、烏山病院のADHD専門プログラムに参加したADHDの当事者、男性89名、女性56名の計145名を対象として、仕事における困難さについて調査を行いました。

対象の年齢は20代から40代で、男性の平均年齢は32・7歳（SD（標準偏差）9・7）、女性の平均年齢は34・4歳（SD11・0）でした。就労状況としては就労群（就労継続支援、就労移行支援も含む）が62％、非就労群が38％となっていました。この結果、成人期のADHDが直面する就労上の困難さは、以下に示すように、多岐にわたっていました。

注意の障害

ADHDの中心的な症状である注意機能の障害は、就労上も多くの困難さを引き起こしていました。まず注意を持続する難しさは、長期的な仕事や、興味を持てない仕事、同じ作業を繰り返すような単調な仕事に取り組むことを困難にし、例えば大事な会議中でも興味がないと寝てしまうといった状況を引き起こしかねません。

注意の維持の困難さを補うためには、注意維持を最大限に高めるために、短期的な報酬などの定期的な刺激を与えることが重要と考えられます。

課題遂行に関連する困難さ

注意機能の障害は、時間管理の難しさや、優先順位をつけ計画的に仕事を遂行する難しさをも引き起こします。時間管理の難しさや時間感覚の持ちにくさについては、多くの当事者で見られる特徴でした。

過剰集中をしているときや、逆に注意力が低下しているときには、時間が瞬く間に過ぎてしまうようです。そのため締切を守れなかったり、大事なミーティングの約束に間に合わなくなるようなことが起こりやすくなります。

また、優先順位をつけることを苦手とする人も多く、注意が移りやすいことで、目に入ったものに次々取り組んでしまい、優先されるべき仕事を達成できないという状況につながることもしばしば見られました。

記憶の障害

ＡＤＨＤのある人にとって、物事を忘れないようにするのは非常に困難なことです。就労上も、仕事の手順を覚えられなかったり、別の指示を受けるともともと取り組んでいた仕事を忘れてしまったり、大事な約束を忘れてしまったりと、忘れっぽさが仕事に与える影響は大きいものがあります。

電話対応といった聴覚情報の記憶が苦手であるという意見も、よく見られました。

衝動性

就労に関して、衝動性はADHDを持つ人に不利な事態を引き起こしやすくするものです。衝動性から次々と新しい仕事を始めてしまうことで、気がついたら多くの仕事を抱えて処理できなくなってしまうことがあります。

また、猪突猛進状態ともとれる衝動的な行動は、周囲のペースに合わず、職場内での孤立につながりかねません。

衝動的な失言や、相手の話に割り込んで思いついたことをすぐ口に出すことで相手に不快な思いをさせてしまったり、感情コントロールの難しさから怒りを抑えられず相手にぶつけてしまい、職場の対人トラブルに発展してしまったりすることも見られています。

多動性

多動性が強い場合、職場でパソコンの前にずっと座っていられずフロアを落ち着きなく歩いてしまう、長時間の会議中じっと座っているのが耐え難くそわそわしてしまい、まわりを落ち着かない気持ちにさせてしまう、などが起きています。

また、多動性から来る貧乏ゆすりや、脚をひんぱんに組みかえるといった行動が、他者には「落ち着きがない人」や「態度が大きい人」とネガティブな印象を与えてしまうことにもつながります。

加えて、話しすぎてしまうことも、多動性から来る困難さとして挙げられます。

このような背景には、思考が多動で考えが止まらず、気持ちが変動して常に頭の中が忙しいといった内面の多動性も影響していると考えられます。

対人関係の障害

ＡＤＨＤは仕事の遂行能力だけではなく、職場の対人関係にも困難さをもたらすことがあります。ＡＤＨＤを持つ人にとって、他人の感情の読み取りや社会的な合図の理解が難しいことが指摘されています。

このように状況や関係性を読めなかったり、衝動性・多動性から来る行動で他者と距離ができてしまったりと、ＡＤＨＤを原因とするコミュニケーションの難しさにより、対人関係に苦労している者は数多く見られます。

さらにADHDに特有の率直さから、つい過剰に話しすぎてしまうことで、対人関係を悪化させてしまいがちです。日本においては、ADHDが職業機能に与える影響が社会的に十分認識されているとは言いにくく、ADHDの当事者の困難さは、本人の努力不足・性格・言い訳と捉えられてしまい、他者からネガティブな評価を受けやすいことは、本人にとっても、会社にとっても重大な問題です。

職場環境

職場環境については、感覚過敏さを訴えるADHDの人も少なくなく、蛍光灯の光や空調の音といった刺激が強く響いて体験されていることも見られています。

注意機能の障害により、周囲の雑談を聴こうとしてなくても頭に入ってきて集中が途切れてしまう場合や、隣の同僚の動きで気が散ってしまうなど、職場環境における刺激が就労上の困難さにつながっている場合も見られています。

◆ADHDに対する支援

ここまで、烏山病院のADHD専門プログラムの参加者における就労上の困難さについて述べてきました。このように、成人期のADHDにとって、就労上直面する課題は多様であることが示されたと思います。

それでは、どのように成人期ＡＤＨＤの就労支援を行えばいいのでしょうか。

発達障害者支援法が施行されて10年以上が経過し、発達障害の社会参加を支えるしくみができつつありますが、日本においては、ＡＤＨＤに特化した就労支援は十分なされていないのが現状です。したがって、先に述べたようなＡＤＨＤの就労上の困難さの実際に関する理解を広めていくことが必要でしょう。

医療の場でできる支援としては、①薬物療法、②自己理解を促すサポート、③対処スキル獲得へのサポート、④周囲の理解を促すサポートなどがあげられます。

ここでは②〜④について触れます。

②自己理解を促すサポート

成人するまで診断や援助が受けられなかったＡＤＨＤの人は、失敗の繰り返しや対人関係上の失敗、家族における葛藤、不登校や退学といったことにより、かなりの情緒的ダメージを抱えていることが珍しくありません。

烏山病院のＡＤＨＤの当事者でも、周囲がＡＤＨＤを理解しにくいことで「努力不足」、「性格の問題」、「言い訳をするな」といった叱責が重なり、**「自分は何をやってもできない」**

と自己肯定感が低く、学習性無力感を抱えている人は少なくないのです。

このような場合、ＡＤＨＤという診断が付いて、**本人が抱える困難さにＡＤＨＤがどのように関連しているか、説明を行うことで安堵する人は多いのです。**

当事者が自己肯定感を回復し、無力感から抜け出して就労上の困難さに対処していくことをサポートするためにも、治療者が繰り返しＡＤＨＤと関連する生活上の困難さについて説明し、自己理解が深まるよう支援することが重要です。

③対処スキル獲得へのサポート

これに加えて、当事者自身が就労上の困難さへの対処法を身につけるように支援することも必要です。烏山病院では、ＡＤＨＤ専門プログラムにおいては、スタッフによる心理教育を通じて自己理解を深め、認知行動療法を通して自分を苦しめている思考や信念を知り、より適応的な思考を導く方法について学んでもらうようにしています。

加えて、不注意や多動性、衝動性といったＡＤＨＤ症状に関連する問題に関して、対処法について話し合いを行います。ディスカッションを通して、参加者はさまざまな対処法を知り、実践していくことができるようになるのです。

④周囲の理解を促すサポート

多くのADHDの人が、人生を通して周囲からの批判や叱責、苛立《いらだ》ちにさらされてきた経過があり、周囲の理解を深めていくことは重要です。

ADHDを持つ成人が就労上の困難さを抱えている場合、職場の上司や同僚といった周囲も困惑している場合が少なくありません。

このような場合、可能な状況であれば、治療者が周囲の困惑を受け止めながらADHDへの理解が深まるよう働きかけていくことは、有効だと考えられます。

◆社会に求めること

現状、発達障害と診断された後のケアについては、以前に比べれば不十分ではありますが、「整備が進んできている」と、私は考えています。

2005年に発達障害支援法ができて以来、早期発見や当事者の自立を促すさまざまな制度が整ってきています。就労移行支援事業も、かなり高度なことを行っています。前述のKaienという施設では、週5回の就労訓練や就労支援を行っています。そういう場所を利用すると、90%以上は就職できているというデータもあります。

環境が整ってきているなら、あとは本人のモチベーションが重要です。社会の中で活躍するために、障害者雇用という選択肢も含めて、しっかり活用してほしいと思います。

今、特に改善が必要なのは、「発達障害と診断されるまで」のプロセスや、療育機関の整備です。というのも、子供の発達障害も、大人の発達障害も、しっかり診察してくれる医療機関がまだまだ少ないという現状があるからです。

少々乱暴な解決策になりますが、医療保険制度を変えれば変化する面は大きいかもしれません。発達障害の保険点数を高くし、他の病気の点数を低くすれば、発達障害を診る医療機関が増えることでしょう。

学校教育に関しては、「学校の1クラスあたりの人数を減らす」ことが、何よりも重要です。1クラスが20～25人なら、先生も一人ひとりに目が届きます。発達障害の子を個別にケアする余裕も生まれるし、いじめ被害者や不登校の数も減るはずです。

欧米諸国は1クラス20人ほどが一般的です。日本では現在、1クラス30人あまりを先生がひとりで見ていますが、個別対応はほぼ無理でしょう。

◆「発達女子」のこれから

これまで述べてきたように、発達障害を抱えている女性にとって、今の日本社会は暮らしにくい面が大きいと思います。

発達障害の女性が「責められやすい」のは、結局のところ、女性の社会的地位が低いからです。女性進出が進んでいる欧米社会と比べると、日本はあまりに遅れていて、驚くほどです。女性の管理職も政治家も、男性のそれに比べてはるかに数が少ないことに愕然とします。自分にとって望ましいキャリアを歩んでいても、結婚して出産すると、多くの場合、元のキャリアに戻れません。

数年前、医学部の入試における男性の優遇が問題となりました。実はこの問題は根が深く、単に入試制度だけの問題とは言えません。医療の世界においても、一般の会社と同様に、長時間労働をいとわずに働く人材が求められています。

このため、妊娠、出産でブランクができ、復帰してからもフルに勤務ができない女性の医師を、雇用者側は好んでいないのです。本来は、育児をしている女性も十分に力を発揮できる医療の制度設計が必要なのですが、この部分で日本はまったく遅れているのです。

さらに、結婚すると女性は、妻、嫁、母といった固定的な「女性の役割」に縛られていき、自分の特性を生かせる環境へと戻れなくなります。

本書のテーマである「女子の発達障害」という問題を解決するには、本人の努力や医師の治療だけでは足りません。女性をとりまく社会そのものの変化が求められているのです。

おわりに

新型コロナウィルスが世界中で猛威を振るい、特にイタリア、スペインなどの西ヨーロッパと米国における被害は予想もしないレベルとなりました。

欧米の先進国がコロナ対策に苦慮している中で、もっとも対応に成功していると報じられたのが台湾です。

台湾の蔡政権は2020年1月に、いち早く中国との人的往来をほぼ完全に遮断しました。それに加えて、スマートフォンのアプリを利用した方法でマスクの買い占めを防ぐなど、防疫体制の構築に力を注ぎました。その結果、他のアジア諸国と比べても、被害はかなり小さく抑えられています。

この台湾のコロナ対策において重要な役割を演じたのが、「はじめに」でも少しふれたIT担当大臣である「38歳の天才」、オードリー・タンです。彼女は新たなアプリを作成し、マスク買い占めの防止策を徹底し、健康保険証の番号でマスクを買える日を指定し、購入履歴を管理しました。さらにマスクマップのアプリを作り、マスクが買える店の位置や、その店の在庫状況や販売時間も一目瞭然にしたのです。

優秀なプログラマーであったオードリーは、19歳で独立しネット企業の社長となりました。その後アップルの顧問も務めています。

IQが180とも言われるオードリーには、発達障害（特にASD）の傾向が顕著に見られます。彼女の学歴は中学校中退で、通常の学校には適応できず、9年間で3つの幼稚園と6つの小学校を転々としました。同級生からはいじめに遭い、学校のルールにもなじめませんでした。

オードリーは男性として生まれましたが、性別違和を感じ、20代で性転換の手術を受けました。彼女はマイルールをいろいろ持っていて、25分間仕事するごとに5分間の休憩を取らないといけないし、毎日必ずメールボックスのメールを捨てて、「To Doリスト」にやるべきことを残しません。また毎週決まった時間に、フランスにいる精神科医と45分間の対話を行っているなど、ASD的な「こだわり」の特徴が濃厚です。

人類の歴史の中でも、発達障害の特性を持つ人々は科学や芸術に新しい光を吹き込み、社会を大きく変革してきました。「ネットの神童」で「無私の公僕」であるオードリー・タンも、そういった天才のひとりです。この世界的な危機を救うのは発達障害のマインドを持つ人たちなのかもしれません。

岩波 明

セルフチェック❶

ADHD（注意欠如多動性障害）

成人期のADHDの自己記入式症状チェックリスト（ASRS-v1.1）

氏名		日付	

パートAおよびBのすべての質問に答えてください。過去6カ月間におけるあなたの感じ方や行動をもっともよく表す欄にチェック印を付けてください。医師に面談する際にこれを持参し、回答結果について相談してください。

パートA	まったくない	めったにない	時々	頻繁	非常に頻繁
1 物事を行なうにあたって、難所は乗り越えたのに、詰めが甘くて仕上げるのが困難だったことが、どのくらいの頻度でありますか。					
2 計画性を要する作業を行なう際に、作業を順序だてるのが困難だったことが、どのくらいの頻度でありますか。					
3 約束や、しなければならない用事を忘れたことが、どのくらいの頻度でありますか。					
4 じっくりと考える必要のある課題に取り掛かるのを避けたり、遅らせたりすることが、どのくらいの頻度でありますか。					
5 長時間座っていなければならないときに、手足をそわそわと動かしたり、もぞもぞしたりすることが、どのくらいの頻度でありますか。					
6 まるで何かに駆り立てられるかのように過度に活動的になったり、何かせずにいられなくなることが、どのくらいの頻度でありますか。					
7 つまらない、あるいは難しい仕事をする際に、不注意な間違いをすることが、どのくらいの頻度でありますか。					

パートB						
8	つまらない、あるいは単調な作業をする際に、注意を集中し続けることが困難なことが、どのくらいの頻度でありますか。					
9	直接話しかけられているにもかかわらず、話に注意を払うことが困難なことは、どのくらいの頻度でありますか。					
10	家や職場に物を置き忘れたり、物をどこに置いたかわからなくなって探すのに苦労したことが、どのくらいの頻度でありますか。					
11	外からの刺激や雑音で気が散ってしまうことが、どのくらいの頻度でありますか。					
12	会議などの着席していなければならない状況で、席を離れてしまうことが、どのくらいの頻度でありますか。					
13	落ち着かない、あるいはソワソワした感じが、どのくらいの頻度でありますか。					
14	時間に余裕があっても、一息ついたり、ゆったりとくつろぐことが困難なことが、どのくらいの頻度でありますか。					
15	社交的な場面でしゃべりすぎてしまうことが、どのくらいの頻度でありますか。					
16	会話を交わしている相手が話し終える前に会話をさえぎってしまったことが、どのくらいの頻度でありますか。					
17	順番待ちしなければならない場合に、順番を待つことが困難なことが、どのくらいの頻度でありますか。					
18	忙しくしている人の邪魔をしてしまうことが、どのくらいの頻度でありますか。					

パートAの色がついている部分に4つ以上のチェックがついている場合、ADHDの症状を持っている可能性が考えられます。※なお、このリストはあくまでも目安です。正式な診断のためには、必ず医療機関を受診してください（パートBの結果は、医師にとって役立つ情報となります）。

セルフチェック② ASD（自閉症スペクトラム障害）

成人期のASDの自己記入式症状チェックリスト（RAADS-14 日本語版）

氏名	
日付	

	以下の14問の質問において、次の中から自分についてもっとも適当な答えを選んで下さい。	① 現在においても、過去（16歳以下）においても、当てはまる	② 現在においてのみ、あてはまる	③ 過去（16歳以下）においてのみ、あてはまる	④ 現在も過去も、あてはまらない
1	他の人と話をしているときに、他の人が感じていることを理解するのは難しい				
2	他の人が気にしないような普通の感触のものが肌に触れると、とても不快になることがある				
3	集団で働いたり、活動をしたりすることはとても難しい				
4	他の人が自分に期待したり、望んでいることを理解するのは難しい				
5	社交的な場面で、どのように振る舞えば良いのかわからないことがよくある				
6	他の人と雑談やおしゃべりをすることができる				

7	自分の感覚に圧倒されてしまうときは、落ち着くためにひとりになる必要がある				
8	どのように友達を作るのかや、人と社交的につきあうのかは、自分にとって謎である				
9	誰かと話をしているときに、自分が話をする番なのか、話を聞く番なのかがわからないことが多い				
10	煩わしい音(掃除機の音、人の大声や過度なおしゃべりなど)をさえぎるため、両耳をふさがないといけないことが時々ある				
11	他の人と話をしているときに、相手の表情を読んだり、手や体のしぐさの意味を理解することがとても難しいことがある				
12	全体像よりも細部に注目する				
13	言葉通りに受け取りすぎて、他の人が意図していることに気がつかないことが多い				
14	突然、(物事が)自分の思い通りのやり方でなくなると、非常に動揺してしまう				

①を3点、②を2点、③を1点、④をゼロ点として、合計点を出してください。ただし6問目は、①をゼロ点、②を1点、③を2点、④を3点としてください。14問あるので、すべて①だと42点になります。
14点以上の場合、なんらかの発達障害の症状を持っている可能性が考えられます。
25点以上の場合、ＡＳＤの可能性が大きいと考えられます。

※なお、このリストはあくまでも目安です。正式な診断のためには、必ず医療機関を受診してください。

青春新書
INTELLIGENCE

こころ涌き立つ「知」の冒険

いまを生きる

"青春新書"は昭和三一年に――若い日に常にあなたの心の友として、その糧となり実になる多様な知恵が、生きる指標として勇気と力になり、すぐに役立つ――をモットーに創刊された。

そして昭和三八年、新しい時代の気運の中で、新書"プレイブックス"にその役目のバトンを渡した。「人生を自由自在に活動《プレイ》する」のキャッチコピーのもと――すべてのうっ積を吹きとばし、自由闊達な活動力を培養し、勇気と自信を生み出す最も楽しいシリーズ――となった。

いまや、私たちはバブル経済崩壊後の混沌とした価値観のただ中にいる。その価値観は常に未曾有の変貌を見せ、社会は少子高齢化し、地球規模の環境問題等は解決の兆しを見せない。私たちはあらゆる不安と懐疑に対峙している。

本シリーズ"青春新書インテリジェンス"はまさに、この時代の欲求によってプレイブックスから分化・刊行された。それは即ち、「心の中に自らの青春の輝きを失わない旺盛な知力、活力への欲求」に他ならない。応えるべきキャッチコピーは「こころ涌き立つ"知"の冒険」である。

予測のつかない時代にあって、一人ひとりの足元を照らし出すシリーズでありたいと願う。青春出版社は本年創業五〇周年を迎えた。これはひとえに長年に亘る多くの読者の熱いご支持の賜物である。社員一同深く感謝し、より一層世の中に希望と勇気の明るい光を放つ書籍を出版すべく、鋭意志すものである。

平成一七年

刊行者　小澤源太郎

著者紹介
岩波 明〈いわなみ あきら〉
昭和大学医学部精神医学講座主任教授(医学博士)。1959年、神奈川県生まれ。東京大学医学部卒業後、都立松沢病院などで臨床経験を積む。東京大学医学部精神医学教室助教授、埼玉医科大学准教授などを経て、2012年より現職。2015年より昭和大学附属烏山病院長を兼任、ADHD専門外来を担当。精神疾患の認知機能障害、発達障害の臨床研究などを主な研究分野としている。「金スマ」(TBS系)、「世界一受けたい授業」(NTV系)などテレビでもわかりやすさと信頼性で大人気。著書に『最新医学からの検証 うつと発達障害』(青春新書インテリジェンス)、『天才と発達障害』(文春新書)等がある。

医者《いしゃ》も親《おや》も気《き》づかない
女子《じょし》の発達障害《はったつしょうがい》

青春新書 INTELLIGENCE

2020年6月15日　第1刷
2021年8月20日　第2刷

著　者　岩波《いわなみ》　明《あきら》

発行者　小澤源太郎

責任編集　株式会社プライム涌光
電話　編集部　03(3203)2850

発行所　東京都新宿区若松町12番1号 〒162-0056　株式会社青春出版社
電話　営業部　03(3207)1916　振替番号　00190-7-98602

印刷・中央精版印刷　製本・ナショナル製本

ISBN978-4-413-04595-7